NA REDE

Prefeitura do Rio de Janeiro e Secretaria Municipal de Cultura apresentam

NA REDE

arte ensaio

Sumário.

Advertência

O fato de, neste ensaio, os dados parecerem ultrapassados não significa, todavia, que sejam falsos. Há ainda, não fossem as dificuldades da época de incerteza que vivemos, a velocidade do objeto estudado, a volubilidade do público e a enorme criatividade do homem contemporâneo em, a cada instante, ressignificar o ambiente a sua volta. Se estranharem os eventos aqui narrados, saibam que esses representavam a verdade de algum tempo atrás e o que hoje já não causa mais estranheza foi, outrora, brindado como inquietante novidade. Portanto, esperamos dos leitores o obséquio da paciência e um julgamento tolerante para com o texto que têm em mãos.

O início de tudo

No final de 2006, fui surpreendido por um *e-mail* inesperado. Um antigo colega de escola, que eu não via desde o final dos anos 1970, chamava-me para que ingressasse no Orkut, a rede social inventada pelo pessoal do Google. Eu já ouvira falar de como as pessoas passavam horas diante do computador, percorrendo a novidade, e julguei inapropriado aceitar de cara o convite, ainda mais feito por alguém cujo paradeiro me era desconhecido havia pelo menos trinta anos! Muito mais do que o despropósito inerente, parecia coisa do Além ver ressurgir aquele sujeito, a me solicitar participação naquela espécie de celebração virtual, de início assustadora. E, depois, não estaria eu correndo riscos de me expor em demasia, com reais perigos para a integridade de minha pessoa?

Temia, também, o vírus cibernético, e tinha tantas precauções desnecessárias, que só faziam demonstrar minha completa ignorância sobre o assunto. Mas não havia como fugir. Todos à minha volta, na época, comentavam a novidade e eu fingia não me interessar, invocando razões conspiratórias fantasiosas e sustentando que acabaríamos abdicando da vida real ou que seríamos remotamente vigiados, como no livro *1984*, de Orwell. Foi então que chegou o segundo convite, dessa vez enviado por pessoa de meu círculo próximo de amizades, a qual me convenceu a, finalmente, entrar no intrigante mundo do Orkut.

A novidade não deixava de seduzir um homem de meia-idade, que viveu a transição da ficha para o cartão telefônico, do telefone público para o orelhão e se maravilhou quando viu pela primeira vez, na casa de uma vizinha, um televisor a cores. E com que entusiasmo não nos lançamos naquela prática de relacionamento social!? De repente, amigos desparecidos, vizinhos de ontem, professores, namoradas, pareciam ressurgir, reinventados pela técnica e mediados pela ferramenta virtual do computador. Em tese, ninguém mais poderia andar incógnito por aí. Estávamos, no início do III milênio, irremediavelmente atados à verdadeira aldeia global, de que tanto nos falava McLuhan.

Felizmente, todos que haviam profetizado o desaparecimento completo da vida social estavam enganados. Das conversas virtuais, dos grupos recém-formados, subitamente surge a necessidade do reencontro. Festas foram organizadas, antigas turmas do ginásio passaram a se ver nos bares e restaurantes e os mais animados chegaram a reeditar bailes mensais, concursos de dança e de poesia. Houve casais que, obrigados ao rompimento no passado, conseguiram, no presente, reeditar o antigo amor. No novo contexto amadurecido da vida de cada um, reencontraram a paixão e a felicidade, de modo diverso daquele do trágico conto "Amor imortal morre de tarde", de José Cândido de Carvalho. E o que dizer, então, das antigas rixas, nunca desaparecidas, recuperadas quando se deu o novo encontro dos rivais? Eram cumplicidades adormecidas, laços de afeto ou de ódio que o tempo não conseguira esgarçar.

O "eu" e as comunidades virtuais

Ainda será necessário investigar a fundo por que o Orkut fez tanto sucesso entre nós (chegou a arrebanhar no Brasil cerca de 40 milhões de perfis) e explicar por que terá servido como porta de entrada para um hábito que acabou por se tornar vício. Sem ainda dispormos das facilidades de acesso à rede através de aplicativos de celular, havia os angustiados, que se desesperavam por chegar a casa e ver as novidades publicadas pelos amigos e pelas comunidades. Aliás, a grande diferença entre o Orkut e as demais ferramentas de relacionamento residia mesmo na possibilidade de os usuários integrarem variadas comunidades. A perspectiva de se tornar membro de grupos de interesse comum foi algo que praticamente desapareceu das plataformas que sucederam ao pioneiro das redes sociais. Era como se o usuário, ao aderir às comunidades de sua preferência, estivesse com isso demonstrando suas aptidões, seus valores e seus objetivos.

Resultado da própria iniciativa dos indivíduos, as comunidades impediam a formação de grupos sectários ou de conformação binária, do tipo certo e errado, bem e mal. Sempre existia a chance de uma interseção e cada um podia criar o grupo que bem quisesse e tornar-se seu administrador. Por outro lado, à medida que os usuários passavam a integrar uma ou mais comunidades, ficava cada vez mais difícil a construção de grupos radicais, fundados nessas identidades primárias: religiosas, étnicas, territoriais e nacionais, capazes de suscitar controvérsias incontornáveis e perigosas.

Manuel Castells chama atenção para uma das consequências da difusão das redes sociais na atualidade, quando ressalta que:

> ***"A identidade está se tornando a principal e, às vezes, única fonte de significação em um período histórico caracterizado pela ampla desestruturação das organizações, desligamento das instituições, enfraquecimento de importantes movimentos sociais e expressões culturais efêmeras. Cada vez mais as pessoas organizam seu significado não em torno do que elas fazem, mas com base no que elas são ou acreditam que são"***[1]

E conclui que tal situação nos terá levado a uma zona de esquizofrenia estrutural permeada por conflito e extremamente perigosa para o futuro da humanidade. Jamais, no seio das comunidades do Orkut, seria possível o surgimento dessa tensão que vivemos nos dias de hoje, quando as opiniões acirradas com base na lógica do *contra* ou *a favor* são capazes de levar a guerras e a situações de ameaça radical e iminente.

Toda a polêmica no Orkut ocorria no seio das comunidades. Circunscritas ao seu conteúdo temático, ali ninguém queria

---

1 CASTELLS, Manuel. **A sociedade em rede**. Rio de Janeiro: Paz e Terra, s/d. p. 42.

saber muito de discutir "coisa séria". O divertimento, a ironia e o desinteresse parecem ter sumido do ambiente virtual devido, em grande medida, ao desaparecimento das comunidades. No lugar do hábito despretensioso e do opinar irreverente, tem-se agora colocada a necessidade de o usuário ser obrigado a emitir, para todos e universalmente, um juízo, uma posição a respeito de determinado assunto ou de demonstrar sua opção política, ideológica ou sexual. E isso com a máxima seriedade, para que não venhamos a nos tornar alvo da crítica alheia, da censura silenciosa que atualmente impera nas redes sociais. Hoje até a piada tem que ser de bom gosto.

No universo das comunidades do Orkut, alguém poderia se identificar como eleitor de um candidato considerado polêmico e ter amigos cuja preferência política era contrária à sua. Amizades jamais seriam desfeitas por oposição de ideias, e o aspecto político-partidário e a denúncia social não eram os objetos principais entre a variada gama de assuntos. Caso houvesse divergências políticas, haveria sempre a possibilidadev da conciliação, "um mesmo lado e a mesma bandeira" quando, por exemplo, estivesse em questão a nossa simpatia por um clube de futebol ou por um grupo musical qualquer. Se as comunidades do Orkut tinham o poder de esfacelar as diferenças ou relativizá-las, as redes sociais da atualidade conseguem acirrá-las, sejam quais forem os antagonismos em debate. O Orkut será lembrado por aproximar as pessoas; o Facebook, por afastá-las.

Não demorou muito para que o Orkut atingisse o auge. Eu, particularmente, passara a nutrir o desejo de conhecer as comunidades bizarras, das quais havia descoberto um número significativo. Umas não faziam o menor sentido, embora tivessem grande quantidade de adeptos. Lembro-me de algumas – *Protocardume de cupins*, *Gatos em velocidade de dobra*, *Bário me deixa possessivo*, *Percevejo de instinto coletivo*, *Colostro de Yakult*. A maioria eu passei a integrar por causa do absurdo com que eram constituídas, sem nenhum propósito senão o de promover a anarquia. Havia também outras interessantíssimas, capazes apresentar aspectos comuns da personalidade de seus integrantes: *Odeio acordar cedo*, ou *Adoro achar dinheiro no bolso*. Ainda as que revelavam nosso gosto estético – *Beyoncé*, *Cazuza*, *Beatles Brasil*, *Rimbaud*; nossa torcida apaixonada – Flamengo, Fluminense, Palmeiras; ou mesmo nossa preferência culinária – *Amo vatapá*... Alternativas àquela perigosa "formação das identidades primárias", de que nos fala Castells, as comunidades do Orkut e as postagens de seus seguidores desapareceram com o programa, restando apenas pouquíssimas delas, recuperadas em 2014, após a rede ter sido tirada do ar pelo Google.

O Facebook, diante do divertimento que o rival Orkut proporcionava a seus usuários, ainda iria permanecer ao abandono. À margem do gosto dos brasileiros, a rede de Mark Zuckerberg tinha o inconveniente de, na época, possuir os comandos e informações integralmente em língua inglesa e de funcionar em ambiente adverso, pouco lúdico, quase seco, típico da estrutura áspera dos domínios de Harvard, de onde vinha seu idealizador.

Uma rede de fantasmas virtuais

Em 2008, pararam de soprar os ventos de otimismo que marcaram o início do III milênio. A anunciada falência do quarto maior banco privado dos EUA parecia ser prenúncio da maior crise por que iria passar a maior economia do mundo. Um desafio que o presidente Barak Obama estaria por enfrentar.

Enquanto isso, no Brasil – que de alguma maneira parecia imune à crise que arrastava os EUA – o Orkut atingia a espantosa cifra de 40 milhões de usuários, contrariando todas as estratégias da empresa que o controlava. O Google pretendia que o programa fosse usado principalmente nos EUA e na Europa, mas Brasil e Índia, gigantes que acabavam de deixar para trás o Terceiro Mundo, detinham 75% dos membros da rede social. A um exame detido, todavia, os técnicos que faziam o Orkut funcionar chegaram à conclusão de que dois terços dos usuários brasileiros não passavam de *fakes*. Tão grande era a quantidade de perfis forjados, que houve uma campanha feroz para que os *fakes* se excluíssem por conta própria, em ato de suicídio coletivo e virtual, ao argumento segundo o qual *não estava na moda* ter identidade falsa ou perfil-reserva no Orkut.

Muitos usuários criavam contas-fantasmas, fosse com a simples finalidade de anarquizar o ambiente, por divertimento e até por objetivos inconfessáveis, criminosos ou fraudulentos. Havia comunidades compostas integralmente por *fakes*, que se relacionavam entre si e tratavam dos mais variados assuntos, tais como armas medievais, histórias em quadrinhos, ETs, Invasão Holandesa, Jorge Luis Borges etc. Nesse ambiente fraudulento, seria difícil distinguir o falso do verdadeiro senão por uma curiosa perspectiva do usuário brasileiro do Orkut, que fazia questão de se apresentar em sua farsa. Daí que muitos membros da rede escolhiam desenhos animados ou personagens de quadrinhos para a fotografia de seu perfil, nomes inusitados, ou mesmo se aventuravam a criar perfis falsos de pessoas famosas. Eu mesmo cheguei a ser amigo de Bart Simpson, de Pelé, de Amy Winehouse, de Bono Vox e de Abelardo Barbosa, o Chacrinha, morto em 1988. Cúmplice das fraudes, certa vez, em uma comunidade composta apenas de *fakes*, debati calorosamente sobre a melhor forma de manejo da maça escudeira, arma medieval das mais perigosas, num hipotético ataque a um cavaleiro de armadura.

Caberia a pergunta: para que criar um perfil fictício?

Inspirei-me no célebre poema de Manuel Bandeira, para criar um *fake* chamado "Cacto, o Intratável". Depois, fiz colocar na fotografia do perfil um exemplar dessa planta típica dos desertos. Não foi difícil ser aceito nas comunidades ligadas à poesia e à literatura, a Pernambuco, terra natal de Bandeira, além de outras, encontradas assim ao sabor das circunstâncias. Tenho pouca coisa na memória, senão que fui levado, com "Cacto, o Intratável", aos píncaros do absurdo, juntamente com outros personagens da rede social, falsos ou não, mas tão inusitados e estranhos que fariam inveja a um Ionesco, a um Kafka. Fiz-me ingressar em uma estranha comunidade na qual havia um Abacaxi Angustiado, um Caqui Aflito, um Kiwi Canceroso, um Pimentão Sangrento, provavelmente todos criados pelo mesmo usuário. Do círculo de amigos de meu falso personagem faziam parte ainda Alfred Hitchcock, Sabão de Coco, que tinha como lema "deixar a humanidade mais branca" (este logo abandonado quando foi percebida sua possível intenção racista), Chiquinha Gonzaga, Betty Boop, o Barbeiro de Sevilha e o Toureiro Manolete. Forjados pela irreverência anárquica do brasileiro, certa vez um Ludwig, o Surdo, que tinha como fotografia de perfil a imagem de uma antiga partitura da VI Sinfonia de Beethoven, confessou a "Cacto, o Intratável" que passava mais tempo com seu *fake* no Orkut do que com sua identidade verdadeira, a qual fora quase que abandonada.

Dessa profusão de falsos perfis, prática tipicamente do usuário brasileiro, o Facebook conseguiu se ver livre. Hoje, quase ninguém está disposto a administrar uma identidade forjada em rede social, pois os tempos são outros. A carnavalização típica do Orkut parece não se coadunar com a exigência de "seriedade", tacitamente operada pelo Facebook e seguida à risca por seus usuários.

Um caso bizarro

Das mais bizarras situações é o fato de as pessoas que morrem continuarem com seus perfis ativos nas redes sociais. Mortos no mundo real, permanecem ainda vivos, como sombras virtuais, sem que possamos, senão após grandes trabalhos, desativar o perfil de um usuário falecido. Meu amigo

Reginaldo Alcântara, anos atrás, foi protagonista de uma estranha experiência nesse campo.

Reginaldo confidenciou-me que visitava frequentemente seu perfil no Orkut. Somava cerca de duzentos amigos, catados entre gente da família, antigos colegas de faculdade, conhecidos dispersos, uns poucos anônimos. Como qualquer usuário, Reginaldo tinha um pequeno rol de pessoas que ele procurava esporadicamente, *percorrendo* as trilhas possíveis, na esperança de encontrar quatro ou cinco companheiros de outros tempos.

Um dia Reginaldo se surpreendeu. Era o convite para que viesse integrar a rede social de Luíza Prado, a menina do ginásio por quem fora perdidamente apaixonado na adolescência. Esse amor foi para ele de uma ferocidade inaugural, evidentemente mantido em segredo e não correspondido! Tanto tempo passado, o reencontro tivera para ele o significado de uma retomada, pois finalmente poderia demonstrar o tamanho do amor que um dia sentira.

Luíza Prado era de uma candura angelical, arrebatadora, quase infantil. O relacionamento dos dois, embora exclusivamente virtual, parecia ter chegado a bom termo. Em suas comunidades bem-comportadas, Luíza postava figuras ingênuas, bonecas em plantações de girassol, filhotes de panda, fadas e crepúsculos. Algum tempo depois, Reginaldo recebera uma mensagem do antigo amor convidando-o para que ativassem os dispositivos do "bate-papo", para uma conversa a sós. O diálogo dos dois também expressava a mesma doçura daquelas imagens edificantes. Não havia palavra de ironia, amargura, duplo sentido ou um termo dito de revesso; a sinceridade politicamente correta e o otimismo transbordavam das conversas de Reginaldo com sua paixão da adolescência.

Os dois resolveram se encontrar e marcaram dia, hora e local, combinados a pedido de Luíza: o Cemitério de Inhaúma, Alameda 54, em frente à campa nº 2346. Reginaldo estranhou, mas, como chegara àquela idade em que o ser humano se dispõe às mais inusitadas aventuras, preparou-se e ansiosamente aguardou o encontro.

Então, o antigo amor desapareceu. Mesmo que sua conta continuasse ativa e as fotografias ainda pudessem ser vistas, o dispositivo de bate-papo estava sempre desligado, e o perfil, sem nenhuma novidade... Reginaldo daí reparou algo de diáfano nas imagens de Luíza Prado, como se viessem de além-túmulo, a implorar por carinho ou luz, e lamentar a forma prematura de um provável aniquilamento. Em uma delas, a do perfil, a antiga paixão vestia uma espécie de túnica, projetando-se à frente, em um cenário esfumaçado. Sua expressão era serena e lúbrica, como a da virgem defunta do poema de Luís Delfino. Reginaldo confessou que foi a primeira vez que sentiu um calafrio, como se um sopro gelado o invadisse. Só aí cogitou tratar-se de uma brincadeira de mau gosto. Não, não queria continuar a fazer papel do bobo, do idiota que vinha expor seus pobres sentimentos e esperanças para gozação alheia. Só que, *fake* ou não, amava desesperadamente aquele fantasma e, mesmo possivelmente inventada, a personagem continuava a habitar seus sonhos com insistência aterradora. Só havia uma decisão e um destino a tomar: o Cemitério de Inhaúma.

Na manhã seguinte, como para deixá-lo ainda mais melancólico, caía uma chuva rala e desoladora. O cemitério daquela paragem suburbana pareceu mais sombrio do que o usual – dissera meu amigo. Um nevoeiro envolvia a estatuária, os anjos de mármore, a ardósia, o granito fúnebre. A certa altura, uma estátua de defunto menino pareceu curiosa, a contorcer-se levemente, a observar os passos incertos de Reginaldo no caminho molhado de paralelepípedos do cemitério.

A campa de Luíza Prado vinha bem cuidada, com uma demão de cal aplicada recentemente e um colorido arranjo de flores de plástico a enfeitá-la. O retrato não havia desbotado – era a imagem do perfil, da adolescente que Reginaldo se acostumara a passar horas admirando. Algum amigo do colegial, ciente da antiga paixão de Reginaldo, montara o perfil, para se divertir. Jamais consegui convencer meu amigo dessa hipótese, por mais plausível que fosse – aliás, a única possível, caso não queiramos enveredar por uma senda de sobrenatural, como a que Reginaldo continua a trilhar, na crença de que o antigo amor de escola se comunicou com ele, do Além, através dos meandros virtuais do Orkut.

Levando-se em conta a política do dispositivo do Google, que até então não permitia inserções publicitárias no ambiente do Orkut, evidentemente o fluxo criado pelos *fakes* e pela impossibilidade de supressão dos mortos gerava um custo elevado para seus administradores. Quando o Google percebeu que estava a manter um escritório e um provedor exclusivo funcionando no Brasil para tantos fantasmas, ameaçou tirar o programa do ar.

E o Facebook está entre nós

Curiosamente, enquanto nos dedicávamos com afinco à nossa atividade virtual, de nosso perfil verdadeiro e de nossos perfis falsos, começamos a ouvir falar do Facebook, a rede social cujo mérito terá sido transformar as novidades em um valor em si mesmo e em conseguir promover uma atualização temática sem precedentes: ontem a eleição de um candidato, hoje uma Copa do Mundo e as joias do governador, amanhã a prisão do presidente... Já não há necessidade de sermos convidados a ingressar na rede e qualquer um pode efetuar seu cadastro sem maiores problemas.

As comparações tornaram-se inevitáveis, entre um e outro dispositivo. Aparentemente, tudo o que o Orkut tinha a oferecer era-nos também oferecido na rede social inventada por Zuckerberg, embora, fruto de novo panorama, não fizesse mais sentido, para as pessoas, participar de comunidades ou assinalar as preferências pessoais no novo *site*. Muitos usuários negligenciam até hoje prestar informações básicas, tais como local de nascimento ou de trabalho, instituições que frequentou no ensino médio ou superior, *status* de relacionamento etc. Muito mais do que o Orkut, o Facebook nunca conseguirá escapar dessa função de ferramenta virtual, espaço que se propõe a ser dominante, de atualidade radical, onde o passado pouco importa e o usuário está sempre em movimento, à espera da próxima notícia.

Um dos mais interessantes dispositivos do Orkut permitia que soubéssemos quem havia visitado nosso perfil. Praticamente não existia a possibilidade de anonimato. Se o usuário desejasse circular incógnito pela rede social, deveria desativar o mencionado dispositivo, o que eliminava a chance de ele saber também quem havia consultado seu perfil. Tanto para quem visitava quanto para quem era visitado, o Orkut fornecia uma espécie de registro ou histórico de navegação, o que dava a todos a chance de estabelecerem uma conexão, pelo envio de solicitação de amizade. Não interessava praticamente a ninguém a reclusão. Ver, ser visto, deixar sinais de nossa passagem pelos perfis das pessoas era uma forma de chamar atenção.

Nada disso existe no Facebook. É possível transitar pelos perfis alheios, desde que sejam franqueados, a partir das contas do nosso círculo de amizades. É o que se define pelo anglicismo *skaltear*. Evidentemente, estamos diante de maiores restrições quanto ao propósito de estabelecer novas relações, já que, ao transitarmos incógnitos pelo Facebook, eliminamos, ou pelo menos diminuímos bastante a possibilidade de novas conexões fora do nosso círculo social. Normalmente, as pessoas não aceitam solicitação de amizade de desconhecidos e mantêm seus perfis inacessíveis. Enquanto as trocas de informação, opinião e de impressão pessoal no Orkut se davam por intermédio das comunidades, no Facebook ocorrem no espaço denominado *feed de notícias*, que é uma espécie de fórum virtual, onde quem se expõe em demasia paga um alto tributo, medido simplesmente em *curtidas* ou *compartilhamentos*.

É no *feed de notícias* que tudo acontece. O que um usuário consegue ver ali depende da natureza e da quantidade de relacionamentos virtuais que possui. Seu horizonte é, portanto, limitado e condicionado às suas relações e às pessoas que o cercam. Pouco se pode ultrapassar dessa fronteira virtual, a não ser que o usuário crie novas conexões para si, fora do estreito limite de relacionamentos, daí o surgimento de grupos cada vez mais fechados, homogêneos e hostis entre si. No Orkut, pouca era a memória das relações e daquilo que nós mesmos estávamos publicando, de modo que era possível sempre a cada usuário se reinventar, pela via de sua atuação em novas comunidades. O Facebook, ao contrário, pode ser visto como espaço propício para o usuário criar uma imagem de si, quer ele contribua ou não para isso. Uma vez constituída uma representação para determinado usuário, esta dificilmente poderá ser modificada.

É realmente notável como as pessoas insistem em opinar sobre tudo o que se passa na rede e, particularmente, no *feed de notícias*.

Nas jornadas de protestos ocorridos em torno do afastamento da Presidente Dilma Rousseff, em 2016, jamais esteve o País tão dividido. Nem mesmo quando vivíamos a era do bipartidarismo, com Arena e MDB, ou na Monarquia, entre as opções de liberais e de conservadores, viu-se tamanha e tão radical cisão. Todas as possíveis alternativas que não fossem estar contra ou a favor do *impeachment* eram ignoradas e não havia quem se dispusesse a mostrar que os problemas históricos do País não estavam resumidos àquele contexto. Os males da política brasileira residiam ainda na corrupção desenfreada e apartidária, no clientelismo e na baixa participação da sociedade civil nas decisões importantes. Subitamente, então, todos os usuários do Facebook foram classificados entre aqueles que eram contra e aqueles que eram a favor do afastamento de Dilma, reeditando mais ou menos a cisão que se criou em torno da eleição de 2014, entre a candidata do PT e Aécio Neves. *Sim* ou *não* era a lógica binária levada às últimas consequências, fazendo a rede social mergulhar na mais absoluta indigência. Enquanto, ao tempo das comunidades do Orkut, segundo a tônica da multiplicidade temática, discutia-se sobre a natureza das imagens produzidas pelos espelhos e o resultado da soma de infinito mais infinito, no Facebook, com a aridez que lhe é peculiar, estamos circunscritos ao tema da política, com pouquíssimas exceções.

O espaço virtual e a improvável fixação da Verdade

Mudaram as pessoas ou mudaram as redes sociais?

Não que os assuntos políticos tenham perdido a dignidade, mas, tratados pela velocidade das redes e segundo as exigências de síntese, toda a discussão tenderá à superficialidade. Um dos mais famosos *posts* que circularam no Facebook, durante os protestos de 2016, mostra um desavisado vestido com a famosa camisa da seleção canarinho, a marca daqueles que eram a favor do *impeachment*, em meio a uma multidão de militantes que usavam roupas vermelhas. O distraído cidadão errara o dia do protesto e se juntara sem querer às hostes inimigas. Logicamente, a produção do curto vídeo pretendia mostrar que o outro lado era mais tolerante e trazia a indagação: "e se eu fizesse a brincadeira ao contrário?...", numa alusão ao fato de pessoas estarem sendo agredidas na rua simplesmente por vestirem vermelho.

Resultado desastroso do sectarismo e da forma maniqueísta como se interpretavam os fatos da história recente, em mistura equivocada de conceitos, passou a vigorar entre nós verdadeira fobia cromática, sendo que eu mesmo viera a sofrer, entre parentes e amigos simpatizantes do PT, grande constrangimento por estar usando uma camisa da seleção brasileira na festa de Réveillon de 2016. Os petistas não me pareceram tão tolerantes como tentaram mostrar no vídeo, e logo fui taxado de "coxinha" por meus próprios amigos e parentes, sendo que alguns insistiam: "tira isso, tira isso!".

Não é possível responsabilizar o Facebook pela maneira como as pessoas têm se relacionado, nos mundos virtual e real. A reação radical e a maneira como nos colocamos frente às questões cruciais do nosso tempo resultam da própria divisão histórica da estrutura da sociedade brasileira e do próprio modo como essa divisão é simbolicamente construída. Mas, algo que recentemente percebi e que me chama bastante a atenção é o desaparecimento da fantasia, e até a maneira como a condenamos atualmente na rede social de Zuckerberg. No dia em que Moreira Franco recebeu o cargo de ministro para obter foro privilegiado e escapar das investigações do foro comum e da Polícia Federal – em manobra idêntica àquela que Dilma pretendeu, para livrar Lula –, inventei a seguinte história e a publiquei na rede social:

> ***"Os cientistas sociais precisam mesmo elaborar uma 'sociologia do botequim'. Encontrava-me ontem no Bar Alfacinha, na Rua São Januário, [e] eis que surge um cidadão e profere em altos brados: 'Temer e sua quadrilha são apenas fantoches; estão a serviço dos interesses do capital estrangeiro, que quer escravizar a Nação'. Pus-me de pé e aplaudi quem proferira tão sábia sentença. O sujeito agradeceu, pediu que lhe pagasse uma dose de Genebra, que bebeu num gole só; depois, deu duas cusparadas para limpar a goela, refletiu um pouco sobre o futuro e saiu cambaleando para os lados do Largo da Cancela"***

O *post* recebeu algumas curtidas desinteressadas, comentários pertinentes, até que alguém perguntou se de fato a história era verdadeira. Ora, e o que importava? Verdadeira ou falsa, a narrativa se prestava apenas a servir de metáfora para o fato de o carioca ter sido considerado, do ponto de vista político, o cidadão mais consciente entre todos do Brasil. Talvez um equívoco conceitual ou coincidência de, durante o Regime Militar, o Rio ter votado maciçamente nos candidatos do MDB. Costumamos atribuir ao projeto da Fusão a manobra dos militares de fazer diluir a tendência à esquerda do carioca e nos orgulhamos de nossa visão progressista das coisas. Mas, no fundo, somos mesmo da casta mais conservadora e cruel, provincianos até a raiz, a achar que a Gávea é o último bastião da liberdade. Era preciso, pois, sustentar o relato e persistir na sequência da história que eu havia criado, como para provar que a verdadeira consciência política está do outro lado do Túnel Rebouças.

A continuidade da narrativa não demoveu os amigos do Facebook de tentar saber se realmente aquilo tinha acontecido. Arrisquei explicar em um *post* alguma coisa sobre a teoria do "valor de verdade", de Frege, quando este matemático permitiu que se criassem os valores: [0] para *totalmente falso* e [1] para *totalmente verdadeiro*. Para se entender toda a extensão das colocações de Frege, seria preciso mencionar o paradoxo de Zenão, daí que desisti do *post* e de pretender explicar qualquer coisa nesse campo. Guardei para mim a certeza segundo a qual, tanto na lógica quanto nos discursos e narrativas, no limitado intervalo de 0 a 1 existem valores de verdade em grau infinito, que se aproximam dos extremos sem nunca os tocar.

O caso da Sereia de Manaus, um inseto mortal e a falta do mindinho

Brincar com os acontecimentos da vida, verdadeiros ou não, dentro dos limites da decência, sem que algum direito pessoal venha a ser violado, é algo totalmente diferente de criarmos um boato mal-intencionado – ou *hoax*, no léxico cibernético – e espalhá-lo.

Hoje, as redes sociais se tornaram campo perigoso para a divulgação de informações falsas, muitas vezes produzidas intencionalmente e difundidas por má-fé. Com vistas a destruir a imagem de alguém, falsas narrativas criadas segundo interesses escusos (normalmente políticos ou econômicos), algumas até com a pretensão de furo jornalístico, circulam aos milhares pelas redes sociais. Por isso, vivemos o maior paradoxo de toda a História da humanidade: na era da informação, não passamos de uma sociedade de desinformados, que defendem "verdades" produzidas sem responsabilidade e vindas dos guetos mais sórdidos. Tão convincentes se tornaram essas narrativas, ao ponto de muita gente se deixar impressionar, mudar hábitos ou, o que é pior, desfazer amizades outrora indestrutíveis. Por causa de certezas que não se sustentam diante de um simples exame crítico, até mesmo governantes são depostos, empresas vão à falência, alguém pode ser desacreditado ou ter sua imagem para sempre destruída, ganhar ou perder eleições.

Esperemos que alguém um dia resolva estudar a estranha predileção do ser humano pelo absurdo e pelo grotesco. Quando isso acontecer, poderá o estudioso consultar os *sites* especializados em catalogar os boatos inofensivos, que têm surgido aos montes nas redes sociais. É notável a habilidade das pessoas no manuseio do Photoshop e a criatividade no modo como constroem histórias mirabolantes.

Em 2014, circulou pela Internet a curiosíssima história da Sereia de Manaus, fato que intrigou os habitantes da capital amazonense, deixando alguns moradores em pânico. O Estado do Amazonas, cujo nome de batismo deriva da mitologia grega, designação de mulheres guerreiras que matavam seus maridos e arrancavam os seios para melhor manejar o arco e flecha, consagrou-se por ser berço de inúmeras lendas de origem indígena. Segundo os cronistas espanhóis, desde Lope de Aguirre, que navegara pela primeira vez o rio Amazonas, era possível encontrar em suas margens não apenas tribos estranhas, mas toda sorte de seres de um bestiário desconhecido e assustador. Daí a região ser tradicionalmente ambiente propício para o surgimento de narrativas lendárias, as quais, para os habitantes do Sudeste, não passam de disparates inverossímeis.

Dizem que a Sereia de Manaus, como as demais criaturas de sua espécie, com seu canto suave, exercia estranho fascínio sobre os homens, os quais, após processo de hipnose, eram levados para os rios, onde se deixavam afogar. Nas noites de lua cheia, principalmente, ficava a sereia ainda mais indócil e excitada, a buscar suas vítimas nos arredores de Manaus, homens com quem pretendia acasalar. Encontrada morta por um ambulante na Praia da Lua, segundo o vídeo que chegou a viralizar pela Região Norte, a sereia havia sido golpeada na cabeça por uma embarcação. As imagens foram periciadas e não foi encontrada adulteração de forma alguma. Um biólogo viera dar explicações sobre a mutação, meio mamífero, meio peixe, para terror dos crédulos, que evitavam se aproximar do leito dos rios.

A horripilante criatura no leito do Amazonas.

Eis que logo a farsa foi posta a descoberto. A sereia de fato existia! Era uma escultura do artista plástico Juan Cabana, especializado em criar esses cadáveres de seres grotescos, com técnica apuradíssima, mas estética duvidosa. No *site* do artista há inúmeras imagens (o Aquatic Gallery) à disposição de quem se diverte em divulgar esse tipo de boato inofensivo, felizmente, para nosso divertimento.

Terrível também foi o caso do inseto assassino, capaz de espalhar vírus mortal e contaminar quem tentava matá-lo com as mãos. Vindo da Índia, o artrópode tinha aspecto horroroso. Uma camada de esporas que logo infestava as mãos das pessoas, antes de se alastrar pelo corpo, causar febres sazonais e, em pouquíssimo tempo, a morte. A contaminação não tinha cura. Enquanto vivia, o indivíduo contaminado passava a ter aparência medonha, tomado por milhares de vesículas malcheirosas e de cor marrom. O alarme circulou pelas redes sociais, e mais ainda pelo WhatsApp, com o apelo para que fosse passado adiante, no sentido de atingir maior número de pessoas e alertá-las quanto ao risco de as crianças serem as principais vítimas.

Há uma fronteira quase impossível de ser desenhada, em alguns casos, quando a ficção e a lenda deixam de ser inocentes para se tornarem prejudiciais para a imagem das pessoas, das empresas e das instituições. Nem sempre se pode estabelecer que os autores da burla agiram de má-fé; por isso, o Marco Civil da Internet (Lei 12.965/2014) procurou disciplinar o difícil equilíbrio entre liberdade de expressão e o direito de terceiros, proteger quem corre riscos de ter a imagem jogada na lama pelos boatos irresponsáveis e mal-intencionados.

Tanto o caso do inseto assassino, que não passava do inofensivo *Kirkaldyia deyrolli*, como o da Sereia de Manaus maiores danos não causaram, senão aos mais sensíveis, aos parvos ou aos destituídos de senso crítico, que continuarão, a despeito de todos os recursos, a acreditar em sandices do mesmo gênero. Pertencem àquele domínio sensacionalista, cheio de bom humor, que agrada à maioria das pessoas, sem violar qualquer direito indisponível. Mas, quando está em jogo a reputação de alguém, e o boato causa danos patrimoniais e/ou morais, o autor da informação falsa, bem como quem a divulga, pode sofrer sanções e ser responsabilizado civil e criminalmente. É o caso da informação que se espalhou pela rede atribuindo a Luís Inácio da Silva uma aposentadoria precoce e fraudulenta, por ter ele decepado o próprio dedo mínimo.

Seria adequado se considerar com certa tolerância o uso político dessa arma espúria, tendo em vista o fato de a política ser campo de uma ética específica, como ensinava Maquiavel? Faria parte das regras do jogo inventar um fato capaz de causar a ruína do oponente político em uma disputa?

O *meme* – termo do léxico das redes sociais, utilizado para designar esse conceito que, por meio de uma imagem, GIF ou vídeo associado a um texto, tem o poder de vagar indiscriminadamente, até viralizar – reproduzia a imagem de dois indivíduos bastante diferentes entre si: a de Lula e a de Stephen Hawking.

Agora não se tratava mais de uma sereia fossilizada ou da contaminação por um vírus maluco, farsas que facilmente se desmontavam. Boatos que se revestem de absurdo são quase destruídos por si mesmos ao mínimo exame. Certa vez circulou com relativa intensidade a informação de que um sujeito resolvera implantar um focinho de cachorro em seu próprio rosto. Ora, quem julgaria que semelhante estupidez pudesse existir no mundo real? Como no caso da contaminação pelo inseto indiano: bastaria um olhar atento à mão contaminada, para que soubéssemos tratar-se de uma montagem feita a partir de um grude à base de manteiga de amendoim e, no caso do transplante, uma montagem infantil feita com a ferramenta Photoshop.

Quando se constrói ou narra, em tom de descoberta e escândalo, um fato inverídico porém plausível, cuja confirmação dependeria de prova mínima, é da psicologia da maior parte das pessoas aceitá-lo pela verossimilhança, tanto mais se nutrimos antipatia pelo personagem ou instituição sobre quem recaem as acusações. Prescindindo de qualquer exame ou de qualquer confirmação documental, um boato elaborado com lógica argumentativa coerente torna-se indestrutível para as pessoas que se deixam convencer a partir de pouquíssimos indícios. A desconstrução desse tipo de *hoax* exige inúmeros trabalhos, e o alvo da história inverídica será sempre obrigado a uma contestação sofisticada, a juntar contraprovas e correr a divulgá-las. Entre aqueles que não lhe são simpáticos, a comprovação que descobre a fraude, por mais clara e verdadeira, nenhum efeito trará. Tão cristalizado permanece o boato no ambiente que o aproveita, que faz aumentar o ódio ou satisfaz os interesses dos que obtêm vantagens com sua manutenção.

No meme de Lula e de Hawking lê-se a indagação: "adivinha quem se aposentou por invalidez?" – de um lado, o ex-presidente, com seu ventre volumoso, em animada partida de futebol, prepara-se para um passe, um chute a gol, um drible desajeitado. Já o astrofísico, como não podia deixar de ser, apresenta-se em sua contorção esclerótica, com que nos acostumamos a vê-lo, embora esse estado em nada dificulte sua intensa atividade intelectual.

O meme é tão desrespeitoso com o cientista quanto com o ex-presidente, tanto mais que, em se tratando de Lula, não é verdade que tenha se aposentado por invalidez ou que tenha decepado o dedo mindinho para obtenção de tal benefício. Posicionamentos ideológicos à parte, todavia, os dois se comparam pela estatura histórica, evidentemente, cada qual em seu domínio específico: de um lado, o cientista acometido de doença degenerativa severa, que não o impediu de se tornar um dos maiores físicos de todos os tempos; de outro, o operário, retirante nordestino, que se tornou presidente do País, oitava economia do mundo, e líder inconteste entre os principais do seu tempo.

Como diria Ortega y Gasset, a moeda falsa vale-se da verdadeira para garantir sua precária autenticidade. Também de extremo mau gosto o *hoax* sobre a suposta divulgação de fotos íntimas de Marcela Temer, a esposa do sucessor de Dilma após o *impeachment*. Prova de que os canalhas não têm ideologia e avançam em direção a um perigoso horizonte, esquecendo-se dos padrões mínimos de decência – ainda que fosse a primeira dama, caso que não se confirma diante da incrível dessemelhança entre ela e a modelo que empresta seu corpo para a ridícula farsa, que mal haveria nisso, se nós todos um dia já não nos realizamos nesses prazeres, em nossa intimidade? Há que se repudiar tanto o boato que envolve Lula, com seu corpanzil redondo em pelada domingueira, quanto o fraudulento vídeo que se pretende seja de Marcela Temer dançando de biquíni. Nenhum dos dois contribui para a questão complicadíssima que hoje nos é posta: a crise das instituições, da corrupção e do fracasso completo da gestão política do Estado no Brasil.

O algoritmo e a questão da intimidade

Existe um modelo matemático, proveniente da teoria dos grafos, capaz de representar a disposição das redes sociais no espaço. Trata-se de cálculo simples, acessível até para leigos. Podemos descobrir o número máximo de conexões possíveis entre os elementos de determinado conjunto através da fórmula:

$$A = \frac{n(n-1)}{2}$$

Uma rede social possui representação muito semelhante à elaborada pelos físicos, para uma galáxia ou área específica do universo. Nas linhas que ligam os elementos (ou vértices) desse conjunto finito de usuários de uma rede, os físicos veriam corpos celestes e no lugar das conexões que os ligam veriam o elo gravitacional mantido entre eles:

Base para a localização dos integrantes de uma rede, atualmente muitos programas de computador realizam um mapeamento, de modo a obter pistas de como os conteúdos são compartilhados entre os usuários e, assim, averiguar gostos e inclinações de pessoas e de grupos e até suas orientações ideológicas. Não apenas redes, mas empresas que possuem milhares de seguidores têm se dedicado a análise e sondagem dos mapas de trânsito de informações, a partir dos quais lançam campanhas de *marketing* direcionadas a públicos cada vez mais específicos, restritos e determinados.

Mas nem sempre os especialistas são bem-sucedidos nessas sondagens. Li recentemente que, na Califórnia, um grupo de cientistas de uma universidade cujo nome não consigo lembrar procedeu à tabulação algorítmica de milhões de dados, obtidos através dos buscadores do Google, Bing, Ask e Yahoo. Partiam da hipótese segundo a qual as pesquisas que fazemos na Internet são capazes de pôr em evidência não apenas nossa inclinação ou desejo em determinado momento, mas de revelar quem somos. Munidos dessa audaciosa pretensão, os cientistas californianos, então, aplicaram a teoria a um estudo de caso particular. Após alguns meses, vieram a público divulgar o resultado de seu trabalho. Teriam descoberto a quem pertencia um perfil escolhido aleatoriamente e, segundo o conjunto de buscas que este fez no Google, no Yahoo etc., afirmaram que era de um homem de 40 anos, casado e com filhos, que trabalhava no campo, provavelmente um fazendeiro produtor de milho, grande proprietário, que vivia em Iowa.

Logo após a divulgação do surpreendente resultado, a comunidade científica foi severamente questionada quanto à possibilidade de se estar violando o direito à intimidade e ao anonimato das pessoas. Até que ponto esse tipo de estudo não iria permitir prática invasiva, fazendo com que não tivéssemos mais privacidade na utilização da Internet? E nossos *e-mails*, nossas inclinações e desejos secretos? Tudo poderia ser vasculhado? O resultado da investigação era o início, útil talvez, a abrir para os serviços de inteligência a possibilidade de localização de terroristas e de criminosos, mas, para os anunciantes, a chance de nos bombardear com respostas imediatas às nossas pesquisas nos *sites* de busca. Hoje, basta que procuremos por passagens aéreas para que surjam de imediato, nas laterais da tela de nosso computador, *banners* com ofertas de hotéis, aluguéis de automóveis, pacotes para um *tour* na Tailândia.

Gemma Galdon Clavell, da Universidade Livre da Catalunha e pesquisadora dos impactos das novas tecnologias de comunicação sobre a privacidade dos indivíduos, resume bem a situação a que chegamos:

> ***"O Facebook, rede social utilizada por mais de 1 bilhão de pessoas por mês, dispõe dos dados que o usuário deposita voluntariamente nele, mas também faz inferências com base em nossas interações com pessoas e informações, compartilha-as com terceiros e desenvolve um perfil único que permite determinar o que aparece no nosso mural, tanto por parte de nossos amigos como de anunciantes. Todo 'curtir' ou registro feito por meio do Facebook gera informações que são analisadas e classificadas por algoritmos tanto para nos conhecer em nível individual quanto como consumidores, para desenvolver perfis sociais para agências de publicidade"***[2]

A propósito, acerca da hipótese dos pesquisadores da Califórnia, o perfil que julgaram ser de um fazendeiro cultivador de milho de Iowa, quando procurado pelo ID do usuário para confirmação, revelou, na verdade, ser de uma viúva solitária do Bronx. Pondo a nu os limites do algoritmo na análise de dados dessa natureza,

---

2 CLAVELL, G. G. **O que acontece com nossos dados na Internet**. In: https://brasil.elpais.com/brasil/2015/06/12/tecnologia/1434103095_932305.html

o malogro confirmava, na verdade, a mutabilidade dos nossos desejos e curiosidades e o fato de nosso microcomputador ser também compartilhado por terceiros. Nenhum programa até hoje desenvolvido conseguiu invadir os insondáveis mistérios da alma. Por isso, atônitos, os pesquisadores se justificaram dizendo não compreender por que aquela idosa nova-iorquina se interessava tanto por máquinas e equipamentos agrícolas, por que passava horas lendo artigos sobre como melhor aproveitar os benefícios do manejo sustentável de milho. E mais intrigados ficaram quando a viúva encomendara, talvez por equívoco na ordem dos comandos, duas toneladas de um perigoso fertilizante agrícola à base de fósforo.

Um caso de Justiça

É digno de nota o número de visualizações diárias dos vídeos do YouTube. Criado em 2005 e vendido ao Google no ano seguinte, o *site* parece ter reinventado a roda. Não apenas oferece gratuitamente espaço para hospedagem de filmes produzidos por qualquer pessoa, como remunera os vídeos mais acessados. Tanto pela facilidade com que mandamos uma produção tosca para o ar como pelo acesso rápido a tudo que já foi ali publicado, até uma criança na primeira infância consegue manusear os comandos do *site*. Daí a quantidade de arquivos disponíveis se aproximar do imponderável: estima-se que, a cada dez segundos, 100 novos vídeos estejam sendo adicionados ao *site*. Quer ouvir "Piraretã", disco de Tetê Espíndola, de 1975, ou "Das barrancas do Rio Gavião", de Elomar, gravado no mesmo ano, ou ainda uma coletânea do grupo de *rock* Buffalo Springfield? Vá ao YouTube, e lá irá encontrar estes e muitos outros LPs desaparecidos do mercado, com informações adicionais e possibilidade de acesso gratuito.

Os criadores do YouTube, após a venda do *site* para o Google, tornaram-se os três mais novos milionários da época, e hoje o dispositivo funciona com pouquíssimos funcionários, a despeito da impressionante movimentação diária, que chega a cerca de 30 milhões de acessos.

Quando dois dos fundadores do *site* falaram sobre a venda de sua criação para o Google, o maior *site* de buscas da Internet, o que vemos são apenas sorrisos disfarçados. Estão no vídeo, evidentemente disponível no próprio YouTube, dois *nerds*, antigos empregados de um *site* de vendas, e se não conseguem esconder o júbilo do momento, vá entender que talvez este tenha sido o maior negócio envolvendo as duas empresas, naquelas condições: US$1,65 bilhão foi o valor da transação. Hoje, praticamente ninguém ouve mais falar dos fundadores, senão que devem estar levando vida amena e confortável e que dificilmente terão fôlego para criar outra novidade tão fabulosa. Desde o final de 2006, o novo proprietário do YouTube, que só fez crescer, pouco acrescentaria à plataforma que acabava de adquirir – apenas, com vistas a se tornar ainda mais rico, fizera o favor de acrescentar anúncios entre um vídeo e outro, ao sabor de duvidosas estratégias ou do que imaginava poder interessar a cada usuário que está em rede a assistir seus filmes.

Diante da forma universalmente livre para se publicar quase qualquer coisa, os provedores de conteúdo têm se tornado alvo das investidas de advogados e da Justiça. Muitas vezes, artistas insatisfeitos com a divulgação não autorizada de suas obras tentam se ressarcir, colocando os *sites* no banco dos réus. O mesmo acontece com celebridades, as verdadeiras e as de ocasião, quando têm sua imagem divulgada nesses *sites*. É o tal dano moral, que parece ter se tornado fonte de renda para alguns. Quase sempre a questão financeira está por trás dessas batalhas judiciais e quase sempre, ainda, esses mesmos artistas e essas mesmas celebridades, necessitando promover ou divulgar seus trabalhos, poderão se aproveitar do mesmo YouTube com que um dia guerrearam nos tribunais.

Uma das mais notáveis querelas judicias ocorridas nos EUA colocou em disputa o controle da marca que estava em vias de se tornar famosa em escala planetária. Fora um fabricante de tubos e rolamentos de ferro e aço de Ohio, a Universal Tube & Rollform Equipment, cujo *site* de vendas estava sendo bloqueado por milhões de acessos diários. As pessoas simplesmente digitavam "uTube", segundo o consagrado acrônimo do pronome "you", para acessar o YouTube e acabavam congestionando o *site* da fábrica. Como a Universal Tube & Rollform Equipment era detentora do domínio *www.utube.com*, alegava a violação de seu direito. Os fabricantes de tubos afirmavam, ainda, que a confusão lhes teria causado prejuízo da ordem de 500 mil dólares mensais e que a identificação com YouTube destruía a imagem e a credibilidade da firma perante seus clientes, uma vez que o *site* de compartilhamento, segundo eles, notabilizara-se por divulgar material pornográfico, bizarrices sem sentido, e de não pagar direitos autorais. Era bem possível que quem estivesse procurando rolamentos se deparasse com o ato sexual de duas hienas. Revoltado, esse freguês desavisado iria responsabilizar os fabricantes de Ohio e provavelmente nunca mais visitaria o tal *site*. Assim, os autores da demanda exigiam, além de indenização, que o *www.youtube.com* fosse tirado do ar e passasse a funcionar em outro domínio eletrônico.

O Google se defendeu, dizendo que ninguém poderia registrar, tampouco alegar a propriedade da abreviação fonética em discussão. Era pretender ser proprietário de uma das vogais do alfabeto! Além disso, a imprecisão dos domínios teria levado a Universal Tube & Rollform Equipment a uma fama inesperada e a ser conhecida do grande público. Em sua defesa, o Google argumentava que a propaganda gratuita ultrapassava as expectativas de uma simples fábrica do interior de Ohio o que, indiretamente, poderia levar a aumento do faturamento da empresa – portanto, à inexistência do dano alegado; o *site* de compartilhamento de vídeos tinha quase 20 milhões de acessos diários, por isso era a fábrica de tubos quem merecia indenizar o YouTube.

Não havia culpados, nem má-fé. A particularidade dos fonemas, em língua inglesa, origem do impasse, teria realmente prejudicado o negócio da Universal Tube? A pendenga parece que se resolveu em meados de 2007, quando a empresa de Ohio desistiu de parte de seus pedidos na ação, talvez devido a algum acordo milionário, que não chegou a vir a público. A fábrica, agora interessada em vender o espaço do *site* para publicidade, permanece detentora da marca "uTube" e fez inserir nesse domínio inúmeros *banners* com notícias de celebridades. Quem quiser adquirir os produtos da empresa: tubos, canos, rolamentos etc., todavia, deverá aceder ao endereço eletrônico *www.utubeonline.com*. Os incautos que ainda insistem em trocar o "you" por "u" são mandados agora para o *site* do YouTube e não correm o risco de se verem perdidos entre os produtos da Universal Tube & Rollform Equipment.

A era da superexposição pessoal e o sucesso momentâneo

À margem de todas as pendências judiciais, em pouquíssimo tempo o YouTube foi capaz de ter sua marca elevada ao mesmo patamar dos gigantes Sony, Mitsui, Real Madrid, Coca-Cola, Audi, empresas que levaram décadas para construir sua fama. Fosse o *site* proibido pela Justiça de usar o "YouTube" teria sido tão bem-sucedido quanto foi? Não caberia aqui investigar o papel das marcas para o sucesso de uma corporação. Embora seja acertado concluir que não está ao alcance de qualquer um agradar a massa, que permanece cada vez mais opaca, silenciosa e inacessível, os especialistas em mercado julgam possível, em dado momento, descobrir os desejos da humanidade. Devemos indagar se a multidão escolhe seus ídolos por vontade própria ou se é levada a isso por engenhosas campanhas publicitárias e estratégias agressivas de *marketing*, que adivinham o que vai escondido no inconsciente coletivo.

Gênio é quem consegue se antecipar a uma tendência cultural autêntica, sendo que a maioria dos mortais que sonha com o estrelato já está sendo carregada no vácuo de quem descobriu o que as pessoas estavam ansiosamente interessadas em consumir. Merece um estudo aprofundado a forma quase infantil como a multidão tem se relacionado com a ferramenta virtual disponível gratuitamente no YouTube. Inspirados pelo lema do *site Broadcast yourself*, subitamente aspirantes ao estrelado virtual surgem a cada dia, demonstrando a incrível e repentina perda de qualquer senso do ridículo. Acompanhada da ilusão pueril de que é fácil agradar às pessoas, tem aumentado exponencialmente em rede a divulgação da própria intimidade ou de tolices ditas sem os freios da timidez. Certo é que não há limites para a imbecilidade humana, bem como para a ingenuidade do vulgo. Por isso, é incontável o número de indivíduos que se consideram aptos a publicar qualquer disparate, que julgam poder ser vistos e apreciados por milhões, a exemplo de uns poucos *youtubers* bem-sucedidos na rede.

É nesse passo que os *youtubers* brasileiros vão recebendo milhares de inscrições e visualizações. Até há bem pouco tempo, o canal Porta dos Fundos era considerado imbatível nesse domínio. Estética televisiva, produção cuidadosa, grande elenco – embora um tanto repetitivo na crítica social e na paródia –, além do desejo de criar polêmica e escândalo na abordagem de temas tradicionalmente difíceis para os brasileiros, tais como homossexualismo, raça, religião. A receita aparentemente fácil só haveria de funcionar com equipe minimamente talentosa. Uma obra-prima do gênero é "Fundo verde", esquete de um diretor que procura orientar seu ator nas cenas de um filme de ficção científica, no qual estão presentes Alien, o Predador e um Hobbit. O ator, evidentemente, precisando considerar as imagens digitais que serão sobrepostas à parede verde, é tomado de grande desorientação e o resultado é uma pantomima extraordinária, com as ordens em *off* do diretor impaciente.

Surpreendentemente, em 2017 o Porta dos Fundos, já considerado clássico entre os canais do gênero, foi ultrapassado por ninguém menos que Whindersson Nunes. Primeiro lugar nas listas, em pouquíssimo tempo o simpático Nunes, com seus esquetes de humorismo e paródia e com suas imitações, conseguiu a formidável cifra de 19 milhões de inscritos, algo digno de um Justin Bieber, de uma Shakira, de uma Adele.

E nessa toada vão surgindo aspirantes ao estrelado virtual: aqui um doido que junta 125 *amoebas* no chão de seu quarto, ali outro que pretende uma imitação de Chitãozinho e Xororó... Quem apostaria que o YouTube pudesse se transformar no *site* de compartilhamento de vídeo mais famoso de todos os tempos?

A universalização da fama

Parte da explicação do sucesso da plataforma YouTube vem ao assistirmos a *Me at the Zoo*, primeiro filme a ser postado em rede, provavelmente com o fim de testar o funcionamento adequado dos sistemas. Era um dia qualquer do inverno de 2005. Não se consegue entender o que o "protagonista" diz; talvez algo sobre a tromba dos paquidermes, coadjuvantes da peça, ou sobre o clima da estação fria ou mesmo sobre a novidade que se estava a inaugurar. O filme, de baixíssima qualidade, entrou para a História nem tanto por sua mensagem nem por sua estética *avant garde*, mas pelo valor de ato inaugural: ter sido o primeiro vídeo dado à humanidade pelo YouTube. Mais tarde é que fomos saber que o personagem em cena, além dos elefantes, é Jawed Karim, um dos criadores do famoso *site*, jovem imigrante de origem indiana, que nasceu na Alemanha e fora viver em Illinois, onde estudou matemática e ciência da computação. Já o segundo vídeo que foi compartilhado é ainda menos interessante e teria desaparecido no poço do esquecimento dos registros desprezíveis caso não tivesse ocupado a honrosa posição de segundo colocado. Trata-se de uma queda, sem maiores consequências, de um jovem tentando uma manobra de *snowboard*, que dura exatos 12 segundos.

É interessante pensarmos no que dirão os antropólogos de daqui a mil anos sobre a nossa civilização. Mas, a verdade é que a ausência completa de conteúdo, sofisticação ou qualidade encorajou as pessoas a se inscreverem no YouTube e a mandarem seus vídeos, seus esquetes e suas experiências. Fosse o primeiro exemplar a exibição de uma obra de arte, um filme conceitual longo e hermético, absolutamente ninguém se atreveria a compartilhar nada, intimidado por uma subjetiva sensação de inferioridade. Exibindo vídeos caseiros, pantomimas, como aquele de um jovem em um zoológico e logo depois uma queda na neve, é como dizer para toda a gente que o *site* está franqueado a que se compartilhe qualquer coisa. É a liberdade de expressão levada às últimas consequências, paroxismo representado pela cena de um sujeito sem camisa, cuja façanha é ingerir em menos de dois minutos a espantosa quantidade de 36 hambúrgueres, ou outro, em uma banheira, a se esfregar em doce de avelã.

A contrapartida da universalização e da liberdade reside em que, quando contabilizamos o número de visualizações dos vídeos mais vistos do famoso *site*, descobrimos a preferência estética da humanidade. É simplesmente estarrecedor concluir que, a despeito da infinita quantidade de registros à disposição, de filmes, de concertos, de obras de arte, tanto da cultura popular quanto da erudita, tenha o ser humano a estranha predileção para o bizarro ou para o "lixo", no sentido que esse termo tem no domínio cultural.

Sintoma de uma crise de valores ou da incapacidade das expressões artísticas "de qualidade" de concorrer, por exemplo, com um K-Pop, com uma *youtuber* que oferece em rede o namorado para a melhor amiga ou com o último *clip* do Snoop Dogg? Resultado de uma visão particular da cultura, de modo a fazê-la entrar no modo de produção pós-moderno, certo é que o ideal a que se atingiu foi fazer com que as pessoas consumam cultura como se fosse um sanduíche, numa rede de *fast food*. O alimento processado, pobre em vitaminas, produzido em série pela indústria alimentícia, não nutre, apenas sacia momentaneamente e leva quem o "saboreia" a desejar sempre e de novo e sempre mais, o mesmo alimento insípido e a mesma rapidez com que se pode comê-lo.

A linguagem universal, a possibilidade de divulgação instantânea, a sensação de que é gratuito e a facilidade dos meios tornam o produto processado acessível à multidão, mas o deixa descartável. Toneladas de *fast food, fast fashion, fast culture* são consumidas, despejando bilhões de dólares nas poucas corporações que controlam esse fabuloso mercado.

E no *fast food* cultural do YouTube, desde a sua fundação, consumiu-se principalmente música. É de Luis Fonsi o recorde, com a formidável quantidade de mais de 6,11 bilhões de visualizações do *clip Despacito*, até hoje imbatível.[3] Daí para baixo, outros artistas como Ed Seeran, com *Shape of you*, com mais de 4,1 bilhões; Wiz Khalifa, com 4 bilhões; e o desenho animado, visto principalmente nos países de língua russa, *Masha e o urso*, com 3,5 bilhões de acessos: este é o *top 5* dos vídeos mais vistos do YouTube, em todos os tempos ou pelo menos até abril de 2019, época em que este despretensioso ensaio está sendo escrito.

Não se pode estabelecer uma relação direta entre os acessos e os indivíduos que o assistem, dado que os usuários sempre podem ver mais de uma vez um *clip*, havendo mesmo quem chegue a acessar cerca de cem, cento e cinquenta vezes os vídeos de sua predileção. Mas, qualquer que seja a

3 Curioso é que, há pouco tempo (maio/2017), o recorde cabia ao coreano Psy, cujo *clip* teve quase 3 bilhões de acessos, cifra que foi, até aquele momento, considerada imbatível.

consideração a ser feita nesse campo, a marca de 6,11 bilhões de acessos, quase a população do mundo, para um único vídeo é algo espantoso, sobretudo quando se pode considerar que *youtubers* são remunerados pelo Google na proporção em que os vídeos são vistos ou de inscritos no canal – como mesmo aconselha o Google AdSense, aplicativo que administra os anúncios no Google: "gere visualizações. Isso mesmo, a rentabilidade do seu canal está diretamente relacionada ao número de visualizações que os seus vídeos têm e por isso é preciso divulgar bastante".

Cultura popular – tentativas tão inverossímeis quanto bizarras

Como em toda participação nos lucros das grandes empresas, esta, distribuída pelo Google, a partir de seus anunciantes, é também bastante modesta: da ordem de 1 dólar para 1.000 visualizações. Se tivermos em conta a matemática financeira envolvida aqui, veremos que será tarefa impossível, sem o domínio de uma linguagem universal e a ajuda de outras mídias ou plataformas, tornar-se um novo Luis Fonsi e faturar aproximadamente 6 milhões de dólares. Para os canais de *youtubers* como um Whindersson Nunes, um Pedro Afonso ou uma Kéfera o sucesso depende sempre do apoio da grande mídia, que atua paralelamente, divulgando os artistas. É como uma bola de neve: quanto mais vistos, mais interesse terão despertado nos canais convencionais e assim por diante...

Ao contrário, no campo da chamada alta cultura, os números são irrisórios. Os músicos de orquestra não esperam o retorno financeiro, e nem poderiam, com as parcas visualizações de suas *performances* na rede. Felizarda, no entanto, é a extraordinária Maria João Pires, na apresentação do sublime concerto para piano "Impromptus nº 4, D. 899, Op. 90", de Franz Schubert, gênio do romantismo, que obteve mais 1,75 milhão de visualizações. Algo digno de nota, considerando-se o gênero musical, o que rendeu à pianista citada 1.750 dólares, soma que ela precisou ainda dividir com os responsáveis pela produção, sem os quais a execução da peça do célebre compositor austríaco seria impossível.

O que dizer então de Gustavo Dudamel, que, à frente da Orquestra Sinfônica da Rádio Stuttgart, regeu as "Variações sobre um tema de Haydn, Op. 56"? A sinfônica era composta por 82 músicos, tendo o vídeo recebido 189.323 visualizações; caberia, portanto, a ordinária remuneração de US$2,30 para cada instrumentista, o que, convenhamos, é soma que não fará ninguém rico. Já o polonês LuteDuo pode também se vangloriar da façanha de ter recebido mais de um milhão de visualizações de seu "Barroco Insight", apresentação de peças musicais da Renascença, das quais se destaca a composição "Folias galegas", de Santiago de Murcia, peça que nos leva a experimentar a força das composições barrocas. Por possuírem grande aparato de divulgação e saberem aproveitar as ferramentas das redes sociais, Anna Kowalska e Anton Birula puderam atingir quase a casa do milhão, proeza incrível quando se trata de música de difícil aceitação pela massa. Receberão, merecidamente, a importância de US$1.000 do Google. Nem o "Canon in D maior", de Pachbel, tampouco a "V Sinfonia" ou "Pour Elise", de Beethoven, peças bastante conhecidas do grande público – o recorde, com mais de 150 milhões de acessos, no âmbito da música erudita pertence ao concerto "As Quatro Estações", de Vivaldi, talvez, entre as composições de orquestra, a obra mais popular de todos os tempos, por ser bastante palatável, ao gosto do grande público.

A maioria, no entanto, quer mesmo os cinco minutos de fama a que todos temos direito. Como explicar o fato de o malogro não as desestimular? Vemos sempre novas tentativas, reproduções dos mesmos fracassos, como o do vereador Eduardo Moura em sua justíssima luta pela redução do pedágio da Linha Amarela, no Rio de Janeiro, que recebeu 12 visualizações, fato que não desanimou o político, o qual ainda compartilhou uma série de vídeos de seus discursos na tribuna do parlamento municipal carioca. Caberia aqui um parêntese. Como correlato do *top 10* dos mais vistos, alguém pensou em produzir o *top 10* dos *menos* vistos, e nesse conjunto é que vamos encontrar as coisas mais estranhas e inusitadas.

Tido como um dos piores vídeos do YouTube, *Procurado*, do canal de Cesar Alejandro Aguilar Arteaga, é um *thriller* de pouco mais de dois minutos, integralmente rodado em uma favela dos arredores de Trujillo, no México. Já um clássico do gênero, o vídeo, rodado em 2017, é a narrativa de uma perseguição, em que duas moças saem ao encalço de um jovem, por entre varais de roupas, marrecos e cães.

Talvez tenha o autor almejado parecer ou, quem sabe, ser uma paródia a uma cena de James Bond, ou nem isso... Fenômeno curioso, o vídeo menos visto pode ser considerado positivamente um título ou uma proeza, feito que poderá retirá-lo do limbo, dentro de pouco tempo. Afinal, quantos curiosos não se interessam pelos piores, os menos vistos e os mais toscos? *Procurado* continua ainda a ser um dos piores, mas, graças à curiosidade humana pelo desprimor, já não é o "menos visto", tendo recebido até agora quase 90 mil acessos.

Outro dos menos vistos, e que assim permanece, é o vídeo de uma das candidatas a Kéfera, que se esforça por explicar o que é a famosa jujuba, do canal de Reginaldo Elói, que possui pouco mais dez inscritos. Não chega, todavia, à insignificante cifra de 30 visualizações, que tem *A maçã perdida, porcarias e ovelhices*, do mesmo canal, protagonizado pelos mesmos personagens, agora ocupados em apresentar uma sequência-chave do jogo eletrônico "Minecraft", febre mundial entre jovens e adultos. Essa inúmera quantidade de experiências fracassadas parece não desencorajar novos aspirantes à celebridade, que continuam em progressão geométrica, com seu vão esforço em busca do estrelato virtual. Como parece ser mesmo característica do nosso tempo, as coisas podem mudar com tanta rapidez, e nunca é demais ter esperança, pois de uma hora para outra poderá surgir um novo fenômeno e o estrelato em rede estará ao alcance de qualquer um. O canal de Reginaldo Elói, dias depois desta pesquisa superficial, não foi mais encontrado no YouTube.

Cultura de massa

Não é verdade que obras outrora desprezadas no campo das artes plásticas hoje receberam sala especial em museus, como é o caso da "arte moderna", considerada pelos *experts* quando surgiu como a agonia da arte em seu último e desesperado suspiro?

No sempre difícil embate de definições e artifícios entre cultura popular, cultura erudita e cultura de massa, poderá, quem sabe, no futuro, Ludmilla ou Anitta ser apreciada como clássico do gênero, levando-se em conta que o passar do tempo tem exercido forte influência sobre o gosto das pessoas? Quem, no início dos anos 1920, poderia imaginar que o *jazz*, então considerado subproduto dos cabarés de Nova Orleans, deturpação da música de bom gosto, poderia se transformar em gênero musical apreciado por pessoas consideradas sofisticadas? Estaremos vivos para presenciar a ascensão do gênero musical nascido nas favelas cariocas? Veremos Tati Quebra-Barraco, com seu "Dako é Bom" ou o "Funk da Atoladinha" tornar-se *cult* entre os intelectuais do gosto e os críticos musicais dos tempos futuros? Ou estarão todas essas expressões para sempre condenadas ao ostracismo, como agora parece estar certo Mc Kevinho, superadas por concorrentes que surgem ao sabor das exigências comerciais do momento? Se o modelo for seguido à risca, a passagem das épocas irá apaziguar a exigência da crítica.

Segundo Umberto Eco, talvez o maior intérprete do surgimento da cultura de massa, uma das características fundamentais dessa forma de expressão é a impossibilidade de que seja controlada pelos senhores da mídia. Estão sempre a um passo atrás, à espera do surgimento da manifestação genuína, para se assenhorearem dela e transformá-la em produto. Talvez não seja necessário esperar meio século para ver e ouvir "Dako é bom", com sua esplêndida e irreverente poesia de duplo sentido: "Entrei numa loja, estava em liquidação / Queima de estoque, fogão na promoção / Escolhi da marca Dako porque Dako é bom!". Já se pode ouvir essa e outras pérolas do cancioneiro das periferias nas festas de adolescentes das classes altas e abastadas; nos clubes, outrora conservadores; nos salões dos grandes apartamentos da Zona Sul carioca.

Contrariando a má vontade dos intelectuais em relação à cultura de massa, o próprio Eco assegura que seus aspectos positivos superam os negativos. Será, segundo o célebre crítico italiano, a primeira vez que os excluídos terão imposto seu gosto e se apropriado dos canais de divulgação dominantes para expressão de suas manifestações. Mesmo que o estudo do autor sobre o assunto date do início dos anos 1960, muitas de suas profecias se confirmaram, sobretudo quanto ao fato de a cultura de massa não se deixar controlar por nenhum regime ou ideologia, sendo que os canais que a divulgam não fizeram desaparecer o que o autor chamou de "cultura superior fantasma". Diz ainda o autor de *O nome da rosa* que, embora o puro entretenimento da atualidade possua estética homogeneamente inferior, a humanidade sempre amou os circenses, a ópera bufa, a pantomima, além do que os meios de comunicação de massa "oferecem um acervo de informações e dados" que sensibilizam o homem contemporâneo, tornando-o mais sensível e associativo.

Em nenhuma outra circunstância histórica, desde que se inaugurou a era das comunicações, as pessoas puderam exercer tamanho controle e interagir, participando, inclusive, da formação e do conteúdo dos acervos. No tempo do jornal impresso, do rádio e da TV, o indivíduo devia se submeter a uma programação prévia e recebia a notícia "numa bandeja". Podia optar, dentro dos limites impostos pelos meios de comunicação, entre um programa de auditório e os "Concertos para a Juventude". Mas, também, graças a uma bem-elaborada rede de horários, assistíamos, pela manhã, à "Santa Missa em seu lar"; à tarde, à "Buzina do Chacrinha"; e, à noite, "Resenha Facit" e o folhetim "Pecado Capital", de Janete Clair, hoje clássico da dramaturgia nacional.

A geração do YouTube é consideravelmente mais livre, e tem a possibilidade de produzir seu próprio noticiário. Praticamente, tudo que foi criado no campo do audiovisual lhe é oferecido e pode ser visto a qualquer tempo e lugar. Nesse gigantesco arquivo de imagens e sons, além dos vídeos que nós mesmos criamos em casa, como usuários, e compartilhamos em rede, tudo está ao alcance, basta que tenhamos as pistas certas para encontrar o que desejamos. Com um clique podemos assistir a *Aguirre e a cólera dos deuses*, a *Welt am Draht* e a *M*, clássicos, cada qual à sua época, da cinematografia alemã e, também, a *O Trapalhão na Ilha do Tesouro*, um dos muitos filmes dirigidos e produzidos por J. B. Tanko que fizeram a alegria de uma geração; disponíveis estão, nesse imenso acervo universal, o esplêndido *A hora e vez de Augusto Matraga*, de Roberto Santos, e o belíssimo *Aruanda*, de Linduarte Noronha, como também, para os de gosto eclético, *A Ilha das cangaceiras virgens*, *A noiva do touro* e *Um jumento em minha cama*.

As análises prospectivas de Umberto Eco sobre os meios de comunicação de massa tinham seu limite. Como acontece com ensaios proféticos desse gênero, não era possível prever completamente o futuro e o que estaria ainda por vir dali a meio século. No início dos anos 1960, apostava-se na corrida espacial e ninguém imaginava que fosse possível inventar, em tão pouco tempo, meios para a comunicação imediata entre as pessoas e colocá-los praticamente à disposição de toda a humanidade, pela universalização do aparato tecnológico (celulares, *tablets*, *notebooks*) e pelos aplicativos de troca instantânea de informação (Telegram, Hangouts, Skype, WhatsApp), os IM, da expressão *instant messaging*.

No império da comunicação imediata

A primeira experiência bem-sucedida de fazer as pessoas se conectarem a partir de um programa de *instant messaging* (IM) foi a do ICQ (acrônimo de *I seek you*), que fez relativo sucesso no Brasil em meados dos anos 1990. A novidade trazida pelo programa, criado por três israelenses, consistia em possibilitar a comunicação instantânea entre pessoas que fizessem parte de uma rede, normalmente amigos, parentes, colegas de trabalho, e que tivessem o ICQ instalado em seu PC ou *notebook*. Faltavam ainda alguns anos para que fossem desenvolvidos os aplicativos para *smartphones* e iOS, e os celulares do final do século XX pareciam verdadeiros tijolos, pesadões, com antena, teclado alfanumérico e mecanismo abre-fecha. A grande inovação consistia, sim, na alternativa que o programa apresentava ao *e-mail*, este igualmente revolucionário, recém-surgido e que prometia pôr fim à correspondência tradicional.

A ciência e a técnica associadas sempre flertaram com a hipótese de comunicação imediata entre os indivíduos. Assuntos urgentes que demandavam pronta resolução e não podiam esperar ficavam à mercê da disponibilidade incerta de mensageiros ou do correio oficial. Por volta de 1840, todavia, Samuel Morse, matemático americano de Baltimore, depois de alguns anos de pesquisas, conseguiu descobrir um modo de utilizar, nas comunicações, as propriedades do eletroímã e sua propagação contínua através de fios. Valendo-se de um simples aparelho que produzia pulsos magnéticos, Morse criou um alfabeto em código de sinais, e deu a ele seu próprio nome. A partir de toques curtos e longos, enviados a um receptor, era possível estabelecer comunicação quase instantânea e a grandes distâncias. Logo o invento de Morse passou a ser utilizado, principalmente nos assuntos públicos, em questões relativas à segurança militar, nas navegações, no comércio mundial e na diplomacia. Laura Antunes Maciel, que estudou os primórdios da instalação do telégrafo no Brasil, assinalou com acerto que esta seria "a primeira tecnologia de informação utilizada em rede mundial".

Redes de fios passaram, então, a "costurar" regiões antes isoladas e ligá-las ao centro decisório dos países, ao passo que a Europa e a América do Norte vieram a realizar os primeiros contatos telegráficos valendo-se de cabos submarinos estendidos entre os dois continentes. A revolucionária invenção de Morse seria responsável por criar um novo modo de as pessoas experimentarem o tempo, pois, segundo assegurou a pesquisadora aqui mencionada, o telégrafo acelerou a vida, além de forçar o surgimento, para a troca de mensagens, de uma narrativa sintética, rápida e abreviada, a fim de atender exigências de objetividade e precisão.

Na obra *Memórias póstumas de Brás Cubas*, o herói da trama que dá nome ao livro troca bilhetes com sua amante Virgília. Ainda que o autor não mencione no romance, o protagonista deveria valer-se dos moleques de recado, filhos de escravos, para o serviço de correio rápido e informal. Brás Cubas e Virgília entretêm caso de amor duradouro e escandaloso, quase à vista de todos. Por bilhetinhos combinam não apenas os encontros furtivos no casebre que Cubas mantém na Gamboa, para receber ali a amante, como "discutem a relação" – Virgília é ciumenta, tem temperamento depressivo, e Cubas o que se poderia chamar de canalha. Não era de fato cômodo para um ou para o outro dirigir-se a uma estação de telégrafo a fim de enviar ao amante a mensagem urgente – o bilhetinho era mais prático, não custava nada, embora corressem o risco de o pequeno papel se perder pelos caminhos estreitos da cidade ou de o mensageiro meter-se em alguma travessura que o levasse a esquecer de sua obrigação.

Se o hábito da troca de "mensagens instantâneas" está presente na literatura, nesse livro e em muitos outros, ainda iria demorar algumas décadas para que o serviço de mensagens por telégrafo fosse incorporado à cultura, embora já ao final dos anos 1880 houvesse cerca de 20 mil quilômetros de fios telegráficos. "Atando" diversos pontos do território nacional, por essa época o Rio de Janeiro possuía também um cabo submarino que permitia a comunicação da cidade com Londres, Lisboa e Hamburgo.

Nos tempos modernos, amantes não precisam mais dos serviços do moleque e menos ainda do incômodo telefone, que pode tocar em horas incertas. Em uma pesquisa realizada na Universidade de Wolverhampton com cerca de 1.200 voluntários, os pesquisadores concluíram ser cada vez maior o movimento de *bits* que circulam no WhatsApp que têm por conteúdo a troca de mensagens entre amantes clandestinos, pessoas que se valem da criptografia e do sigilo oferecido pelo aplicativo para manter às escondidas um romance proibido. Estima-se um percentual considerável desse tipo de assunto e de ser grande o número de casais desfeitos, diante da descoberta das mensagens comprometedoras no telefone do outro. Mas não se pode julgar que os IM tenham apenas a função de coadjuvante nos casos de amor da atualidade, em vista de todo o conjunto restante de assuntos possíveis, entre os quais estarão, certamente, aqueles destinados à recreação.

Situação de risco e patologia

A mesma pesquisa realizada em Wolverhampton levou os pesquisadores à conclusão de que os neuróticos tendem a fazer reproduzir em rede a sua neurose. Aqueles que sentem dificuldades de relacionamento no mundo real desenvolverão as mesmas dificuldades no mundo virtual, e os obsessivos, sujeitos a transtornos dos mais diversos, levarão para a rede os traços de sua irremediável obsessão. Especula-se, também, que a nova tecnologia de comunicação tenha levado ao surgimento de uma nova modalidade de patologias, mal conhecidas e ainda não classificadas.

Encontra-se em pleno desenvolvimento uma área específica de estudos em Psicologia, destinada ao diagnóstico e tratamento dessas situações mórbidas associadas principalmente à dependência comportamental do indivíduo. Segundo Ivelise Fortim e Ceres Alves de Araújo, "os principais problemas se referem à dependência psicológica, que inclui um desejo irresistível de usar a rede; irritação quando não conectados e euforia assim que conseguem acesso". Designada pela sigla UPI, ou "uso patológico da Internet", há uma série de atitudes de comportamento cujo denominador comum, além dessa compulsão incontrolável, é o rompimento de um limite, linha a partir da qual a prática na rede começa a causar problemas ao indivíduo: prejuízos no trabalho, nas relações afetivas, no estudo, na vida social, quando não se tornam a via de acesso para o aparecimento de outras patologias mais graves, de natureza depressiva, que podem levar, inclusive, ao suicídio.

Hoje, muitas empresas proíbem aos empregados o uso de telefone celular em suas dependências, durante a jornada de trabalho. Isto porque é cada vez maior o número de trabalhadores que deixam seus afazeres para se dedicar às redes sociais durante o horário de expediente. Até mesmo nas atividades perigosas, como dirigir ônibus, não estão livres de que um mau funcionário largue seu mister para uma rápida consulta ao Facebook. Em um exercício de abstração que nos levasse ao somatório total de esforços desperdiçados, em todos os campos e atividades, com as redes sociais e os IM, de quanto seria o prejuízo para a produção? Quantas peças nas linhas de montagem deixaram de ser confeccionadas por causa do tempo que os funcionários gastaram no WhatsApp e no Instagram? Talvez o PIB de algum pequeno país esteja escorrendo pelo ralo, no desperdício da *mais-valia* com as redes sociais. Será possível considerar verdadeira a hipótese segundo a qual o germe da ruína de uma civilização pode ser encontrado onde mais se apresenta o seu progresso? Ou, dito de outro modo, a causa da decadência esconde-se, como vislumbrou Spengler, naquele setor da sociedade considerado o mais evoluído?

É indiscutível que o telefone celular e, mais ainda, as redes sociais foram responsáveis por apaziguar o sentimento de tédio, sobretudo naqueles momentos em que nada há para fazer. O celular com um aplicativo de WhatsApp tornou a vida ainda mais emocionante, e desde o advento do Facebook parece que as pessoas esqueceram o significado da solidão. Na expectativa de um contato inesperado, da troca de mensagens, do vídeo engraçado, diz-se que o *smartphone* é "quase uma extensão de nossas mãos". Recente pesquisa realizada no Brasil coloca o aplicativo de comunicação instantânea WhatsApp no topo da lista de *sites* e aplicativos do conjunto de "redes sociais", com 81% dos usuários conectados, tendo em vista que 94% dos brasileiros possuem pelo menos um celular.

Brian Acton e Jan Koum, funcionários do provedor Yahoo, não podiam imaginar que o programa que desenvolveram como alternativa gratuita de comunicação, substituto a um só tempo da linha telefônica e do *e-mail*, pudesse se transformar nesse quase dispositivo-extensão sem o qual muitas pessoas já não conseguem viver. Menos ainda podiam imaginar que o WhatsApp levasse a um utópico mundo de indivíduos voltados para si mesmos, panorama aterrador apenas tangenciado, nos anos 1950, no estudo de David Riesman, e aprofundado, no final dos anos 1980, por Richard Sennett – dois sociólogos americanos desconhecidos de toda a gente, mas responsáveis pela compreensão de um paradoxo, estabelecido a partir de início dos anos 2000. Embora o resultado da difusão do aplicativo houvesse levado a humanidade ao estágio final de isolamento, nos espaços de convívio como restaurantes, bares, praças; no mundo virtual cada vez mais o indivíduo se relaciona com os semelhantes, mostrando sua personalidade, aperfeiçoando seu carisma, em troca de reconhecimento e aceitação. Confirmava-se o diagnóstico: a humanidade, orientada por perigosíssimo afastamento da vida pública e pela perspectiva de considerar o "outro" uma ameaça, tornava-se, em rede, destemido, quase totalmente despreocupado de se expor e se inclinar a trocas de toda espécie.

Mergulhados no mundo de cada um, vemos, hoje, autômatos, de celulares em punho, nas ruas e praças, orelhas tapadas por fones de ouvido, multidão silenciosa e perdida no interior de si própria. É assustadora a cena. Mais parece, sem nenhum exagero, um filme de mortos-vivos, que correm incertos, rumo ao risco de caírem em um buraco – nada parecido com a anedota de Sócrates, que, distraído com as estrelas, recebera a advertência de um discípulo: "nossos olhos não foram feitos para olhar para cima, por causa da anatomia do pescoço, que nos cobra atenção no que há à nossa frente". Uma questão de sobrevivência, a obrigação do olhar objetivo adiante e ao mundo ao redor é lição que parece ter sido esquecida pelo homem comum, que se desconecta do real pela manhã, praticamente logo que coloca os pés fora da cama.

É como se, depois dos aplicativos de IM e das redes sociais, passássemos a existir em dois mundos: o real, das plantas, do céu, das pessoas, enfim, da concretude externa comum a todos; e o virtual, de nossos contatos pessoais, das imagens que recebemos e compartilhamos, da nossa vida em rede. O primeiro vai perdendo o sentido, porque a vida real quase se resume aos deslocamentos no trânsito caótico das grandes cidades, ao trabalho, à celebração e ao carnaval; o segundo nos absorve e passa a existir como a esfera pública com que nos conectamos aos outros e ali exercemos nosso direito de emitir juízos e opiniões, a interagir "politicamente", a nos apresentar como seres autênticos, dispostos à luta e até a mudar o mundo.

Um novo dispositivo de IM

Em janeiro de 2014, pela espantosa soma de 16 bilhões de dólares, o aplicativo WhatsApp foi vendido ao Facebook de Zuckerberg. Pelo contrato, Brian Acton e Jan Koum receberiam sinal de 4 bilhões em dinheiro, 12 bilhões em ações da nova empresa e mais 3 bilhões em quatro anos, se quisessem permanecer na companhia como executivos. Há na economia um primado segundo o qual as fusões e aquisições de empresas se orientam por regras simples e primárias e o sucesso dos empreendimentos depende de elevada consciência sobre a hora de mudar ou de permanecer sendo o mesmo. Zuckerberg não efetuou qualquer tipo de modificação na plataforma que viria a adquirir, mantendo sua estrutura simples e a gratuidade dos serviços, o que tornou sua companhia uma das mais rentáveis da Bolsa de Nova Iorque e o fez quase triplicar o valor inicialmente aplicado na compra do aplicativo.

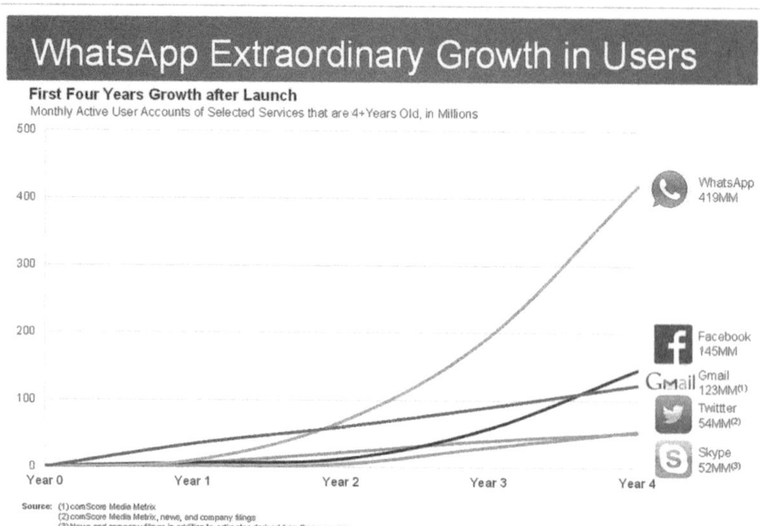

Não se pode desconsiderar o aspecto positivo das redes sociais, quando a necessidade de comunicação imediata se impõe. Ao tempo em que eu escrevia estas linhas, ficamos todos impressionados com o sumiço de Milena (o nome verdadeiro será omitido, por razões óbvias) na Cobal do Humaitá, local frequentado pela classe média da Zona Sul carioca. Sequer será possível imaginar o desespero dos pais da menina de 12 anos, ao perceberem o desaparecimento da filha. O que fazer? Girar à tonta, entrando pelas lojas e bares do entorno, procurar pela vizinhança, sem saber ao certo que direção tomar? Ir à polícia certamente, mas sobretudo tentar frear a imaginação, que pode nos levar para o terreno das hipóteses mais desastrosas e irreversíveis. Os pais de Milena imediatamente fizeram o que estava ao alcance e confiaram na versatilidade do WhatsApp, na mobilização das pessoas, solidárias quando tocadas por episódios como esse. Resolveram, portanto, divulgar, por meio do aplicativo, uma fotografia da menina, as roupas que ela usava, o local e as circunstâncias em que se dera seu desaparecimento. Em questão de minutos, a imagem da menina de cabelos compridos e as informações objetivas para que a reconhecessem foram sendo compartilhadas, de grupo em grupo, de contato em contato, e já recebíamos de todos os lados o *post*. É possível que tenha havido cobertura de quase cem por cento do grupo social de conhecidos e de conhecidos dos conhecidos e que o *post* já estivesse sendo divulgado além das fronteiras do estado. Ao final do sábado, praticamente o Brasil inteiro veio a falar não mais do sumiço de Milena, mas do modo como a menina fora encontrada, misteriosamente, em uma favela próxima ao local de seu desaparecimento. Para alívio dos pais, parece que nada demais acontecera, afora o susto por que todos haviam passado.

Outras crianças não teriam a mesma sorte. As listas são imensas. Estima-se que, a cada ano, 40 mil crianças sumam no Brasil, sem que delas se saiba o paradeiro, sendo que, destas, poucas retornam ao lar. Graças ao WhatsApp, uma delas deixou de entrar nessa sinistra estatística, sendo localizada e devolvida aos pais. Terá, ao menos uma vez, o aplicativo contribuído e feito a diferença para aquela família, que viveu a pior das angústias: a insuportável sensação de impotência diante da irrevogabilidade do desaparecimento de um familiar de cujo paradeiro não temos a menor ideia.

E vai o WhatsApp, o mais perfeito dispositivo de comunicação instantânea de todos os tempos, cumprindo seu papel social, coadjuvante no auxílio das buscas, na divulgação de informações para que as pessoas consigam achar seus desaparecidos... Mas também vai se tornando o incômodo que, ao mesmo tempo em que ajudou a mãe de Milena a localizar a filha, tornou-se depois motivo de tormento, com as dezenas de perguntas que recebeu de outras mães e de curiosos em geral, desejosos de saber sobre o desfecho dos acontecimentos. Desconfia-se também que, nesse quadro de múltiplas funções do aplicativo, tenha sido o WhatsApp utilizado pela própria Milena, em possível combinação com um namorado adolescente, quem sabe, ou, o que seria pior e ninguém desejaria, com algum adulto que viera seduzi-la e convencê-la a fazer o que fez...

Voltemos um pouco à ideia de que o aplicativo se tornou o indiscutível substituto do telefone. Pessoas o utilizam nos negócios, para confirmar agendas e encontros, enviar recibos, imagens, contratos e documentos diversos. Há quem veja no aplicativo instrumento indispensável para divulgação de suas mensagens religiosas, suas correntes de fé, suas mensagens edificantes. Por outro lado, não há dúvida de que o WhatsApp, a mais famosa plataforma de IM da atualidade, que possui quase 2 bilhões de usuários ao redor do mundo, aguçou ainda mais a predileção da humanidade pelo chiste e pelo bizarro. Não apenas frivolidades são compartilhadas entre os usuários a uma velocidade impressionante, não cansamos de receber piadas, calão, esquetes vulgares e de mau gosto, produções de cunho sexual ou pornográfico, ao mesmo tempo em que alguns personagens, surgidos instantaneamente, parecem agora povoar o imaginário de toda a gente: indivíduos que ostentam alguma particularidade física notável, em geral grotesca, como um membro cavalar, uma boca sem dentes, um obeso mórbido, alguém de feiura extrema ou em situação ridícula; até matéria fecal *in natura* temos visto circular em rede! No império da comunicação instantânea, gratuita e universal, é curioso que venha o ser humano confirmar sua inclinação ancestral para a troca "de tudo que é torpe".

Talvez o aplicativo inventado por Brian Acton e Jan Koum venha a ocupar o espaço deixado pelo desaparecimento das feiras medievais e dos mercados de domingo, locais em que sempre havia um circo de horrores, um malabarista, um palhaço qualquer. Cumprindo tal papel, parece, por um lado, ter havido certa vulgarização do grotesco; ao passo que, por outro, não temos mais a chance de ver ao vivo a Mulher Barbada ou o Homem Elefante.

Os memes

Recentemente, os memes – como são carinhosamente chamadas essas pequenas mídias bem-humoradas que se propagam pelo universo virtual – têm ocupado o maior montante dos *bits* trocados pelos usuários nas redes sociais. Podendo ser um vídeo, um *hashtag*, um GIF, um JPEG, a estrutura simples, clara e compreensível, a autoria incerta, a liberdade que temos de passá-lo adiante (ou não), e ainda a possibilidade de remodelá-lo segundo as exigências do contexto, são as características principais desse fenômeno cultural atualíssimo e absolutamente novo que é o meme. De caráter efêmero e de rápida propagação no mundo digital, como nos diz Shifman, uma criação logo se perde nos domínios labirínticos da Internet, substituída por outras, cuja perenidade não passará de algumas horas, no máximo dias. Por não almejarem à imortalidade e situar-se em um campo de fluidez e espontaneidade, os especialistas em propaganda e *marketing* têm cada vez mais feito uso dessa plataforma para divulgação de seus produtos, talvez um *P2P* substitutivo do antigo "boca a boca".

Etimologicamente, o vocábulo liga-se ao termo "mimético" e provém de sua abreviatura, em associação ao conceito que foi utilizado pela primeira vez por Richard Dawkins, de meme como uma espécie de unidade mínima e indivisível da expressão cultural de um grupo específico. No Raphael Bluteau, um dos dicionários mais antigos de língua portuguesa, nem "meme" e nem "mimético" aparecem indexados, fato que atesta ser recente o seu uso entre nós, embora não se desconheça que o segundo termo tem sido usado pela Filosofia há pelo menos 2.500 anos. Meme e mimético estão, portanto, interligados por conterem o mesmo radical, tal qual "mimese", que significa a representação que se move numa tentativa de imitação da realidade do mundo ou da natureza. Mesmo que se aponte aqui para um problema de cariz ontológico, na medida em que, tomando-se a verdade do mundo como algo inacessível, o que resta à limitada capacidade de apreensão para o ser humano será apenas mimese.

Por isso o fato de um dos primeiros memes a fazerem sucesso em rede usar a imagem de uma coruja, um dos seres do mundo animal miméticos por excelência, em seu eficiente disfarce, em sua atitude evasiva de triunfo. Pois, mimese não significa tapear predadores, camuflando-se como meio de proteção e sobrevivência, mas usar a capacidade de assimilação para recriar elementos do ambiente que nos cerca e com os quais nos misturarmos. Operação que envolve transformação e ressignificação, os memes estão o tempo inteiro atualizando ícones da cultura ocidental, adaptando-os às necessidades de expressão de pessoas ou de grupos, ou propondo reflexões críticas sobre a política, a sociedade e a cultura, sejam elas dominantes ou não.

O meme tem sido, há algum tempo, objeto de dissertações e de teses, e em artigos e ensaios analisados pelos mais variados enfoques. Merece menção o formidável "Museu de memes", repertório de produções e de textos, iniciativa desenvolvida por pesquisadores do Programa de Pós-Graduação em Comunicação (PPGCOM) da Universidade Federal Fluminense, atualmente o maior do gênero no Brasil, com centenas de memes catalogados e analisados, por sua pertinência de conjunto e, ainda, sob uma classificação cronológica e *acontecimental*. Além de oferecer acesso à base de dados em outros domínios fora do País, úteis para quem pretenda estudar o assunto, o *site* é absolutamente gratuito e não exige nenhum tipo de cadastro.

É preciso, pois, assinalar, inicialmente, que nada é vedado no campo memético e nenhum limite é imposto aos autores de memes. Face à possibilidade de reprodução da obra de arte, nesse sentido não se trata de oferecer ao mundo uma novidade no domínio estético, uma vez que iniciativas de desconstrução da arte universal foram levadas a efeito, como experiência, nos anos 1950 e 1960, bastando citar as inúmeras remodelagens da pintura "Quarto em Arles", de Van Gogh, ou mesmo da "Mona Lisa", entre outros. O que se pretende no universo do meme é algo que vai além da simples desconstrução da obra, ou destruição de sua aura de sacralidade, ainda que sub-repticiamente isto esteja a ocorrer, recolocando o objeto da arte universal, antes circunscrito ao domínio da alta cultura, a serviço da necessidade de expressão instantânea dos grupos criadores de memes. Muito significativo é o exemplo de "O grito" de Edvard Munch, pintura de 1885, que empresta sua fisionomia aterradora, como metáfora, aos mais diversos fins: para o aluno que chega à escola e sabe que de fato haverá aula;

para o eleitor de determinado partido, que foi informado sobre a prisão de seu candidato, e até para uma paródia contemporânea, quando a figura retratada na cena toma a forma de um Lula Molusco atormentado, a fugir de Bob Esponja e de Patrick.

Releitura "memética" de "O Grito".

O célebre quadro de Munch não foi o único apropriado pela cultura cibernética. Há um grande repertório animado, tomando-se em conta esse diálogo do campo memético com as obras de arte tradicionais, desde as mais famosas até as pinturas menos conhecidas, mas cuja cena ou narrativa se presta aos fins desejados pelos criadores de memes.

Extraordinária é adaptação feita no quadro "O amor desarmado", de Bouguereau, no qual um ET toma o lugar do Cupido original, imagem que se presta como ilustração das mais variadas mensagens: desde "Meu Deus, hoje é sexta, me solta que eu quero beber!" a "Meu Deus, me segura, quanta matéria atrasada!". Chama atenção, todavia, o incompreensível pudor de quem refez a cena do quadro, cujo autor foi um dos artistas mais mal compreendidos na França de fins do século XIX, embora houvesse granjeado fama e fortuna. Não se importando em remodelar a cena renascentista, ícone do naturalismo francês, o autor do meme (Geradormemes.com) optou, no entanto, por suprimir no ET o pequenino membro do Cupido, que aparece no original, como se o pênis do Deus menino pudesse ofender aos mais recatados.

"Meme matriz" - o internauta completa de acordo com a mensagem que deseja transmitir.

Não foram somente as obras da alta cultura a sofrer esse processo de destronamento, que as trouxe a lugar banal nos meandros do mundo cibernético, em sítio distante das nobres galerias de museu, onde estavam acostumadas a habitar. Objetos-símbolo da cultura *pop*, ícones do consumo e objetos de desejo de crianças pelo mundo a fora. Nesse último conjunto, temos o exemplo da boneca Barbie, que se tornou personagem de uma série de memes cujo propósito era não apenas promover o deboche, mas convidar as pessoas à reflexão. Seus criadores tentaram, na verdade, apontar para uma suposta falta de consciência crítica que as classes abastadas têm do lugar de privilégio que ocupam na sociedade brasileira. Normalmente, em atitudes que revelam a inadequação do discurso com a realidade, a "Barbie do bem", como é conhecida a personagem reeditada, está a todo instante a se apropriar de uma concepção de mundo que não lhe é autêntica, ocupada com questões que não lhe dizem respeito, por estatuto e origem. Por isso, diante da dissociação extrema, sua fala, às vezes em tom de autocomiseração, outras em tom de justificativa, causa estranheza e riso.

Criada no contexto da disputa presidencial das eleições de 2018, a "Barbie do bem" rapidamente se tornou viral, sendo adaptada para domínios de língua espanhola, notadamente na Argentina e na Espanha. Depois que passou a receber milhares de curtidas e *likes*, entrou definitivamente no rol dos mais famosos memes de discussão pública e, como diz o elucidativo texto de Raphael Monte Mór sobre a relativização do sofrimento, quando a classe dita privilegiada sofre com "a saudade dos parentes quando, no intercâmbio internacional, tem que morar sozinho e cuidar da arrumação da casa, o cancelamento ou atraso de voos internacionais".

Racismo não existe, minha bisavó era negra, também tenho sangue negro. Isso é mimimi.

O meme na política

A quantidade infinita de memes que circulam pelo mundo virtual, entre nós, de cunho eminentemente político, atesta que é muito provável que, no Brasil, tenhamos consolidado a visão do espaço da política como a esfera de todas as imundícies e seus protagonistas como personagens bufos, larápios, embusteiros cuja fama é a mesma dos gatunos, dos proxenetas, dos mágicos desempregados, dos caftens e dos bêbedos de sarjeta.

Embora alguns políticos brasileiros da atualidade tenham demonstrado grande competência, nos últimos anos, para acumular riqueza ilícita, a corrupção em nosso país não é, todavia, fenômeno atual. Nos jornais, em todas as épocas, é possível encontrar farto noticiário de negociatas que têm o homem público como protagonista ou seu agente, beneficiário encoberto. O *lobby*, a barganha, o toma-lá-dá-cá, enfim, a máquina política e as instituições postas a serviço do interesse mesquinho parecem percorrer nossa História como dado insofismável, elemento inscrito ali no gene remoto de nossa origem social. Esse dado trágico, cujo fundamento está em tomar como privado o que pertence ao domínio público, marca da qual não conseguimos nos livrar, já havia sido percebido por um dos nossos primeiros cronistas, Frei Vicente do Salvador, que, em 1627, escreveu com propriedade que: "nenhum homem nesta terra é republico, nem zela, ou trata do bem comum, senão cada um do bem particular".

A política tem requerido a atenção de filósofos, historiadores e eruditos. Esparsa em reflexões dos pré-socráticos, como em Heráclito de Éfeso e Parmênides de Eleia, podemos vê-la ressurgir pela forma de misteriosos aforismas ou ainda como objeto de fundo do grande poema épico "A Ilíada" ou da monumental "História da guerra do Peloponeso". Depois, no pensamento de Platão e de Aristóteles, sistematizada como objeto de pensamento, a política ganha *status* de "arte" para um, depois de "ciência" para outro, na medida em que seria considerada atividade de importância crucial para a vida dos indivíduos na *polis*.

Os gregos não desconheciam o fato de alguns governantes enriquecerem ilicitamente no exercício do cargo. No entanto, o significado dessa prática espúria era diferente se comparada ao que entendemos hoje como "corrupção", em sua escala planetária. Em um dos debates do Livro I de *A República*, um dos discípulos de Sócrates tenta convencê-lo de que é sábio aquele que, em proveito próprio, seja por visar honrarias ou riqueza, subjuga cidades e povos, sem ser descoberto. Acrescenta ainda o discípulo que existe uma virtude na capacidade de se obterem benefícios ilegítimos sem ser descoberto. Lógico que Sócrates abomina tal ideia e, através da arte da argumentação, irá demover desse raciocínio não apenas o jovem sofista, mas toda a assistência, que chegou a se inclinar, quase convencida das razões do mencionado discípulo.

Entre os gregos, o termo "corrupção" liga-se, originariamente, a tudo aquilo que se degenera e se deturpa, por fugir de sua essência ou de sua função original. Se hoje é quase exclusivamente associada ao desvio da função pública, na busca por enriquecimento ou obtenção indevida de vantagens, corrupção no século V a.C. significava não apenas degeneração da arte de governar, mas de qualquer arte que não atingisse o fim de produzir benefícios à humanidade. Assim como a medicina levava à saúde do doente, a arte de governar trazia o bem dos súditos ou dos cidadãos, e a arte náutica, a segurança da navegação. Degeneradas, essas artes em conjunto deixavam de ser o que eram, e sequer se poderia chamar medicina o exercício do médico que, ao invés de procurar as causas por que curar seu paciente, visasse tão somente o interesse de si próprio. Ou seja, da mesma forma que medicina degenerada não é medicina, política corrompida não é política, conclusão a que chega Sócrates, com o fim de preservar a pureza não apenas da palavra, mas da ideia nela contida.

Pouco antes de chegar a esse ponto do diálogo, Sócrates já havia rechaçado a tese de ser a justiça apenas um instrumento com que os mais fortes dominam os mais fracos, ao que acrescentou o filósofo com sabedoria:

> ***"Se surgisse uma cidade de homens bons, é provável que nela se lutasse para fugir do poder, como agora se luta para obtê-lo, e tornar-se-ia evidente que, na verdade, o governante autêntico não deve visar ao seu próprio interesse, mas ao do governado; de modo que todo homem sensato preferiria ser obrigado por outro a preocupar-se em obrigar os outros"***

Daí a certeza de que para o homem bom o exercício do poder se torna um fardo.

É pelo fato de a capacidade da esfera política no Brasil gerar acontecimentos significativos, e bufos, em profusão, os quais, na maioria das vezes, permitem que se os observem do ponto de vista do ridículo, que os memes, daqui a duzentos anos, poderão contar para o homem do futuro a História política do nosso tempo. Não faltarão fontes, já que os memes, nesse domínio, podem já ter atingido a cifra dos milhares.

No campo da crítica da esfera política, um meme pode ter, portanto, estrutura muito semelhante à da piada de salão ou, para utilizarmos termo mais preciso no campo linguístico, da anedota. Pode conter um pequeno teorema, um aforisma, um ensinamento moral, uma advertência ou uma crítica, valendo-se, para tanto, da estratégia do ridículo, pois a maioria dos agentes públicos que detêm algum tipo de poder detesta ser retratada em situações vexatórias. A propagação do meme deve-se não apenas à simplicidade formal da narrativa, que a torna compreensível para quase toda a gente que vive na coletividade da qual o meme provém e na qual circula, mas porque quem vê pela primeira vez a "charge", quase que hipnotizado, sente vontade irresistível de compartilhar imediatamente com aqueles que integram a sua rede de interação. Daí, quanto mais agrada ao público, seja pelo aspecto bizarro ou grotesco, ou ainda em seu caráter de denúncia, maior é a velocidade com que o meme é propagado.

Não se pode deixar de ver nessa prática uma atitude revolucionária, um ato de desobediência e de tentativa de causar desordem, nesse tempo que é o nosso, em que poucos são os canais de expressão do descontentamento coletivo.

E, nessa fluidez de espaço-tempo, um meme deixa de ter lugar no mundo virtual, logo substituído por outro, e nossa curiosidade vai assim cada vez sedenta por novidades, as quais se alimentam da fartura cotidiana de situações ridículas, bem própria dos assuntos políticos da atualidade.

Próceres republicanos sob o ataque memético

A política tem sido ultimamente o assunto predileto, e os políticos, sejam de que partido forem, os personagens por excelência dos memes, no Brasil da atualidade. Mas não se pode imaginar que a maneira caricata como tratamos uma e outros seja novidade entre nós.

Guardadas as devidas diferenças, desde final do século XIX e início do século XX a imprensa brasileira se celebrizou pela charge de conteúdo político. Revistas como *O Mosquito*, *O Malho* e a *Revista Ilustrada* publicaram desenhos de paródias de autoria de grandes artistas como Bordallo Pinheiro, J. Carlos, Agostini, hoje considerados obras de arte no gênero. Parece que a tradição da crítica política através da charge foi uma invenção da imprensa francesa, uma das mais democráticas do mundo (se bem que, atualmente, pouco mais de dez grupos controlem 90% de todos os jornais do país). Uma vez que só se pode conceber a cultura da charge política em países de regimes de liberdade e democracia, jamais iremos encontrar desenhos de ditadores naqueles países em que eles tiranamente governam, à exceção de Getúlio Vargas, que não apenas permitia que o retratassem, como, segundo se diz, sentia enorme prazer ao ver-se caricaturado nos poucos pasquins políticos que resistiram ao Estado Novo, valendo citar o quadro em que o ditador aparecia na revista *O Careta*, contracenando com o personagem Jeca Tatu, cuja figura foi explorada por vários desenhistas ao longo do século XX.

Pode-se dizer mesmo que existe uma linha de continuidade entre a charge política do passado e o meme da atualidade, pelo modo como o campo político é percebido pelo brasileiro médio e pela maneira como a cultura do deboche retrata o homem público no Brasil. Basta assumir um posto de mando, vestir fraque e cartola, para desconfiarmos daquele prócer da República ou para que este se torne caricatura de si mesmo.

José-Maria Belo era de opinião segundo a qual terá sido Rui Barbosa o brasileiro que mais sofreu de um sentimento de inadequação de sua própria personalidade ao meio social em que vivia. Por seu grau de civismo, erudição, formação moral e intelectual, Rui deveria se sentir no mínimo um inglês. Dissociado assim de sua pátria, do seu tempo e de sua gente, o grande advogado baiano quase sempre estava um passo à frente ou atrás das discussões, das matérias que tocavam fundo a vida de seu povo e, segundo Belo, razão da ineficácia das soluções pensadas pela Águia de Haia para os problemas brasileiros. Fora de hora, foi republicano, abolicionista, ministro da Fazenda, plenipotenciário e senador, advogado dos rebeldes na Revolta da Armada, dos funcionários da Light, candidato à presidência da República, acusado de queimar os "papéis da escravidão"...

A ideia de que Rui está em plena dissonância para com as soluções que as necessidades sociais do tempo reclamam não passou despercebida de seus contemporâneos, que o apelidaram, entre outras alcunhas, já que Rui foi o brasileiro que mais teve apelidos, "pomada nacional – para uso externo". Quer dizer, já se nota, em outro meio e outro contexto, a extrema criatividade do brasileiro no trato com os assuntos de ordem política e com seus personagens.

Se Rui estivesse entre nós, certamente seria retratado nos memes que circulam em rede. Vivendo em outra época, sua figura apareceu quase sempre, nos jornais e revistas, em atitude pouco reverente e inadequada à sua grandeza histórica, em caricaturas que faziam acentuar o tamanho de seu crânio ou a magreza do resto de seu corpo.

Assim foi quando, convidado a representar o Brasil nas celebrações do centenário da independência da Argentina, Rui Barbosa partiu de navio para Tucumán, onde se realizariam os festejos. Inadequado, pleno de suas atribuições, capacidades e estofo, o grande jurisconsulto começa por implicar com uma delegação esportiva que viajaria no mesmo navio que ele, afirmando que não poderia permanecer no mesmo espaço com vagabundos e malandros. Foi ao ministro reclamar. Rui permaneceu no navio, enquanto os atletas tiveram que seguir de trem até Buenos Aires. Depois, ao chegar, no Congresso de Tucumán Rui faz a palestra "O moderno conceito de Direito Internacional", conhecida hoje como "A conferência de Buenos Aires", a qual, segundo os especialistas, representa um dos momentos mais altos da oratória jurisprudencial entre nós.

Na conferência, a Águia de Haia discorre sobre História e historiografia argentina, direito internacional, o papel da neutralidade nas relações entre as nações em conflito e passa para a questão da invasão da Bélgica pela Alemanha, na Guerra que se encontrava em curso, passagem na qual se encontra a célebre metáfora dos tratados internacionais como trapos de papel.

A fala de Rui repercutiu internacionalmente, o que o fez ser amado na Argentina e na Bélgica, nações que defendeu naquela oração. Mas, no Brasil, a conferência foi desprezada em toda parte, face ao grau de minúcia, extensão e profundidade, quatro horas de falatório e retórica, jornada que, segundo o jornal *O Malho*, teria deixado todos extenuados, quase ao ponto de estragar a festa; daí a caricatura do célebre advogado, pintado em tamanho mínimo, cabeça inteiriça e desproporcional, quase um homúnculo, um Benjamin Button do conto de Scott Fitzgerald, a desenrolar um interminável códice, que se estendia ante os olhares cansados de uma assistência indiferente.

Rui e a Conferência de Buenos Aires.

Em que medida a impressionante atuação de Rui Barbosa nos é útil, em vista dos problemas nacionais que atualmente enfrentamos? – indaga. Em nada, diz *O Malho*. Por isso: "pomada nacional – para uso externo".

Ao contrário da charge política assinada por artista relativamente conhecido do público, o meme político é produzido por autor anônimo, talvez um indivíduo comum, mas quase sempre dono de criatividade e razoável domínio no manuseio das ferramentas gráficas de seu computador. Trancado em seu mundo, mas desejoso de causar algum impacto no espaço virtual ou mais ainda em sua coletividade, saberá, todavia que sua criação terá caído nas graças dos usuários quando ele próprio receber de volta o meme que criou, podendo ainda verificar o sucesso pela rapidez com que sua criação terá retornado. Curioso é o fato de os autores dos memes não assinarem suas obras. Podemos indagar se assim procedem por medo de alguma consequência ou se o desprendimento com a própria criação decorre da volatilidade do meio, a qual impõe um ritmo veloz em termos de novidade, daí que a charge que recebemos e passamos adiante pela manhã já não terá qualquer significado ao fim da tarde.

No momento mesmo em que escrevo estas linhas, meu iPhone vem sendo bombardeado com memes do ministro Sérgio Moro, célebre magistrado paranaense que atuou nos processos da Operação Lava-Jato. Para atestar o grau de imediatismo que beira a instantaneidade, há pouco mais de duas horas o referido ministro se apresentou em uma comissão no Senado, a fim de tratar ali do projeto conhecido como Lei Anticrime, de sua autoria. Diante da dificuldade em ver-se sabatinado naquela casa legislativa, talvez com alguma dificuldade, o que é compreensível, o ministro mencionou o barbarismo "conge" quando queria na verdade referir-se a "cônjuge", circunstância que não basta, evidentemente, para se avaliar sua competência profissional nos cargos que desempenhou e vem desempenhando, ou não se presta a colocar sob suspeita suas decisões, fato que indica, portanto, nada além de um problema de natureza fonoaudiológica. Amado por uns, odiado por outros, evidentemente seus inimigos, seus detratores e aqueles em quem Moro desperta antipatia, principalmente, não perderam tempo em produzir dezenas de memes nos quais o erro de pronúncia é explorado, levando este mero equívoco de dicção a um nível de paroxismo e absurdo sem precedentes.

A Família Imperial e o barbarismo do ministro.

Dos memes que chegaram a mim, e ainda chegam, sem que eu nada possa fazer, apresento apenas um, em respeito ao mencionado ministro: a montagem feita sobre fotografia da Princesa Isabel e o Conde d'Eu, tirada por Insley Pacheco, em 1870, provavelmente no Palácio da Quinta da Boa Vista.

Curioso é que, se considerarmos os matizes de ordem política em cena no Brasil, não deixaremos de ver que há memes de criatividade extraordinária, para todos os gostos e, de certa forma, capazes, em seu nicho particular, de abarcar todo o espectro ideológico e agradar desde o mais radical elemento de "esquerda" ou de "direita", se é que ainda podemos utilizar esses termos tão desgastados no campo das ciências sociais.

Dilma Rousseff também foi personagem muitas vezes retratada em memes políticos brasileiros e, da mesma forma como acontece atualmente com Moro, a ex-presidente também atrai uma enorme legião de adoradores e de pessoas que a odeiam verdadeiramente, ao passo que quase não há ninguém que possa, de um lugar de isenção, livre de paixões e dos sectarismos partidários, avaliar criticamente a sua atuação política. Assim, não foram poucos os memes criados em que Dilma surge em situação ridícula, em face da sua dificuldade de se expressar de improviso, o que, sem dúvida, é característica comum a quase toda a gente. Em uma das inúmeras vezes em que veio falar em público – e na condição de Presidente da República um indivíduo é a toda hora chamado a opinar sobre vários assuntos, sem que possa previamente estudá-los ou preparar um texto –, Dilma saudou a mandioca, seja lá o que isso venha a ser. Indagaram se saudar uma mandioca era dar bom-dia a ela e, como se não bastasse, Dilma resolveu dizer que: "estamos comungando a mandioca com o milho".

Prato cheio para os criativos produtores de memes, a oportunidade trouxe à luz uma infinidade de esquetes bem-humorados, dos quais merece ser citado o videoclipe em que o chiste da ex-presidente é transformado em uma saborosa canção intitulada "Reggae da mandioca", que se aproveita ainda de outras sandices ditas na ocasião, como a da "mulher *sapiens*".

Uma regra, contudo, deve ser seguida pelos usuários das redes sociais e dos aplicativos de IM, nesse domínio em que tão poucas regras existem e a censura, felizmente, pouco vem para atrapalhar a livre criatividade. É que devemos ter cuidado para não replicar memes já conhecidos dos integrantes de nossos grupos e de nossa rede. Quando essa repetição involuntária acontece, por qualquer distração, logo alguém surge para nos advertir sobre a duplicidade e acerca do fato de que todos já conhecem o conteúdo daquele meme. Foi como disse certa vez Guimarães Rosa sobre o valor das piadas, que devem ser como palitos de fósforo, os quais se pode riscar uma única vez, pois daí, depois de queimados, perdem toda a serventia.

A ressignificação memética

A atividade incessante de criação, a rapidez com que tais produções são divulgadas em rede, as referências culturais – Lenny Face; Tollface; Doge, o cão; Obama Face etc. –, alguns erros gramaticais próprios de uma faixa etária, o mundo dos *games* e de personagens admirados pelo universo *teen*, permitem supor que a idade dos criadores de memes deve orçar pela casa dos 17 aos 25 anos. Quanto ao nível de renda – mesmo que não haja, ou não se tenham encontrado pesquisas nesse sentido, dada a universalização dessas referências na sociedade contemporânea –, é possível afirmar que há indivíduos pertencentes a todas as classes sociais produzindo memes, com maior ou menor sucesso. Diante de espectro tão vasto, não será permitido inferir sobre um tipo ideal de "criador de meme" ou mesmo atribuir a ele características próprias de um *nerd*, de um revoltado ou de um psicopata.

Um dos mais interessantes memes da Internet, Pepe the Frog, circula no ciberespaço ostentando diversos significados, desde o de um "Pensador" de Rodin a um herói do universo Marvel, quando não associado a imagens escatológicas ou líricas. Dizem que o sapo – cuja autoria se atribui a um indivíduo que o postou no 4chan – caiu nas graças de Donald Trump, tendo o presidente norte-americano, em sua conta no Twitter, feito o compartilhamento do meme em que aparecia na pele de Pepe, atrás do púlpito oficial da Casa Branca.

Trump na pele de Pepe.

A imagem, divulgada à exaustão, tornou-se um dos símbolos da bem-sucedida campanha à presidência. Usuários que parecem amar a figura do sapo às vezes se pintam de verde e fingem alargar os lábios quase à altura das orelhas, para se sentirem parecidos com o estranho personagem. De início incorporado aos grupos identificados com a direita alternativa norte-americana e ainda com os grupos fomentadores de ódio, Pepe ultimamente tem aparecido em cena para defender pontos de vista opostos, atuando em favor de minorias ou despertando as pessoas para os debates de agendas políticas atuais, como ecologia, sustentabilidade, direitos humanos, feminismo, ideologia de gênero. Mudança de sentido somente possível no campo cibercultural, espaço alheio a qualquer tipo de cristalização de significados, os mais famosos memes de Pepe são aqueles em que o batráquio aparece a desfraldar a bandeira do arco-íris *gay*, erguendo tabuletas em que se leem advertências sobre os riscos da alimentação nos *fast foods* e ainda com o lema da Batalha de Gonzales: "Come and take it".

Personagens que se prestam aos mais diversos fins, em termos de uma incontrolável e universal necessidade de expressão, com estética própria, são quase onipresentes essas figuras que parecem ter vida, fora inclusive do ambiente que as mantém e sustenta. Sua morte, que nunca será definitiva, num meio em que toda ressurreição é possível, ocorre quando deixam de ter significado e de permanecer ativas, não sendo mais "passadas adiante". Por isso não se pode, previamente, aquilatar ou projetar o grau de sucesso de um meme. Questão absolutamente impossível de ser resolvida, a descoberta do que poderá agradar aos usuários e ser compartilhado à exaustão – só é possível avaliar a natureza do meme bem-sucedido quando o fenômeno já eclodiu e a imagem, o vídeo ou o áudio já entraram em uma vertiginosa espiral de sucessivos compartilhamentos.

Na categoria de memes dedicados à reflexão sobre os problemas da sociedade global, cujos temas podem girar em torno do excesso de consumo, do esgotamento de recursos, do aquecimento global, do uso de materiais nocivos ao meio ambiente, surgiu recentemente, no 4chan, a imagem de um corvo em atitude de pensador de Rodin, em que se percebe o clássico gestual da mão no queixo, símbolo do intelectual enfatuado, para formular a seguinte sentença:

> ***“Pode não ser justo, mas se estamos nos preocupando apenas em salvar o planeta, então não há espaço para manobra. Nós não vamos queimar nossas sociedades e viver como ‘merda’ só para que eles se sintam melhor, mas nós podemos cortar os excessos”.***

Criaturas do bestiário cibernético.

Em gramática típica, a sintaxe enviesada, não se sabe mesmo o que o autor original da sentença quer dizer, ou se a imagem que a ilustra é criação de quem emite tais juízos. Sabe-se, contudo, que o corvo pensador foi trazido à vida por um dos milhares de *Anonymous* que infestam as redes sociais e os *sites* que estão na vanguarda e são usados pelos mais versáteis criadores de memes.

A figura, meio homem, meio animal, nos remete a uma estética greco-romana de Centauros, Sátiros e Minotauros e a discussão, contudo, longe de se encerrar naquela parábola em certo sentido enigmática, avança com a exposição de outras apreciações sobre sustentabilidade e sociedade global. Ela irá prolongar-se na medida em que as reflexões associadas ao tema do meio ambiente tenham sentido para o público e instiguem outros usuários. Num meio em que não se tem em mente as limitações dos direitos de autor, pode ser também que, de repente, venham associar a imagem do corvo pensador a outra temática, de ordem cultural, mística ou ainda relativa à liberdade de expressão; com o fim de chamar a atenção das pessoas, não basta o conteúdo da ideia que se vai defender, é necessário captar a atenção dos usuários pela bizarrice de uma imagem com que a reflexão virá associada.

Utilizar elementos perturbadores, como a mistura de seres humanos e animais, figuras estranhas, celebridades vinculadas ao contexto marginal ou artístico, constitui uma estratégia eficiente, de modo a propagar a defesa de uma ideia quase sempre política.

Nada está a salvo, imune, ou pode ser definitivamente esquecido. Além da incerteza que reina no ambiente virtual acerca de quem pode se tornar a próxima vítima ou o próximo herói no ciberespaço, o direito ao esquecimento não é reconhecido a ninguém. Em outubro de 2018, surgiu a *hashtag* #FicaTemer, que logo viralizou. Não se pode deixar de ver aqui a forma de uma oposição divertida ao não menos famoso #ForaTemer, mas como crítica irônica, tentativa de negar apoio ao governo do presidente Jair Bolsonaro, então eleito naquela data. O meme tem sido, no Twitter, um dos mais compartilhados e readaptados a novos contextos, da mesma forma que o #LulaNaCadeia ou o #LulaLivre, nos momentos cruciais da trajetória do ex-presidente no processo a que respondeu na Justiça Federal. Esses memes, vindos de um e de outro nicho ideológico, atingem números astronômicos de compartilhamento, comentários, *likes* e *dislikes*, permanecendo no topo da lista de acesso, segundo os "termômetros" que realizam a aferição do fluxo de informações nas redes sociais.

Nada será esquecido, ou às margens da imortalidade

Um dos mais interessantes e perigosos fenômenos proporcionados pela rede mundial de computadores foi a possibilidade de fazer com que quase tudo que tenha sido escrito, criado ou dito possa ser recuperado um dia... É como dizer que a realidade histórica encontrou um modo de se espelhar no mundo virtual, fazendo com que desde os comezinhos fatos cotidianos até os acontecimentos deflagradores mantenham um registro, que poderá ser recuperado por qualquer um, a qualquer tempo.

No final dos anos 1980, a extinta Rede Manchete exibiu uma série de documentários sobre o cotidiano da cidade do Rio de Janeiro e a vida de seus habitantes. Intitulado "Documento Especial" e dirigido pelo cineasta Nelson Hoineff, o programa semanal fez muito sucesso, entre nós. De um ponto de vista crítico, novidade à época pela estética *underground* e pela inovação no trato com o fato jornalístico, ora abordava temas que tangenciavam a vida no submundo noturno da cidade, ora as dificuldades de convivência entre vizinhos, a cultura lixo e o avanço do idiota. Da série, tornou-se célebre o episódio "Os pobres vão à praia", dedicado ao modo como os habitantes da periferia aproveitavam os domingos de sol nas praias da Barra e da Zona Sul carioca. Através de um canal do YouTube, que guarda toda a coleção do "Documento Especial", no verão de 2016, no contexto de uma série de arrastões que ocorriam nas praias da cidade, reeditando conflitos decorrentes do encontro da periferia com as classes favorecidas da cidade, recuperou-se, em "Os pobres vão à praia", a cena em que uma jovem indignada diz o seguinte:

> ***"Não pode tirar o pessoal do Méier, do Mangue e levar à praia em Copacabana porque eu não posso conviver com uma pessoa que não tem o mínimo de educação. É sujeira você pegar uma pessoa que mora em Ipanema, uma pessoa bem vestida, legal, que tem educação e colocá-la na praia no meio de um monte de gente que não tem educação, que vai dizer grosseria, que vai comer farofa com galinha. Vai matar as pessoas de nojo"***

E para concluir semelhante peça de preconceito explícito, a jovem alegava ter "vergonha de ser brasileira" e que essas pessoas que a incomodavam na praia "pertenciam a uma sub-raça".

O direito ao esquecimento deveria ser considerado inalienável, inscrito na Declaração dos Direitos do Homem e do Cidadão, de 1948, porque, para tristeza da jovem, depois de trinta anos, aquela passagem em que destilava ódio e preconceito viralizou. Curiosamente, talvez fruto da maneira como a sociedade brasileira se construiu, o vídeo recebeu milhares de *likes* e de mensagens de apoio, revelando a sombria permanência de um sentimento, que se manifesta na tentativa de afastar as pessoas de baixa renda dos bairros mais ricos e das praias da Barra e da Zona Sul carioca. Na destorcida fala da jovem esconde-se indestrutível mentalidade excludente, que toma a gente pobre como forasteira, e até ameaçadora, audaciosa por ultrapassar a fronteira invisível que separa a periferia das regiões abastadas. Por mais que tentasse se justificar, chamando atenção para a passagem do tempo, destacando seu arrependimento e o próprio amadurecimento pessoal, a jovem precisou enfrentar outra encruzilhada: de porta-voz da classe média preconceituosa passou a traidora, no exato momento em que se desculpou pelo absurdo das palavras ditas havia tanto tempo...

Outro vídeo que viralizou e ainda assombra quem o protagonizou foi o da nutricionista pernambucana que, em uma feira de alimentos saudáveis em São Paulo, engasgou com a própria fala, numa gagueira sem remédio, que a fazia repetir as últimas sílabas de todas as palavras que enunciava. O tema em questão, o valor nutricional dos sanduíches, ou se devemos trocar um prato de comida por um *fast food*, ganhou, na fala da especialista, *status* de um dos momentos épicos de todas essas bizarrices cotidianas e, como se adivinhasse o destino que o vídeo iria seguir, a repórter que a entrevistava parecia estar fazendo de tudo para que a nutricionista se visse ainda em situação mais constrangedora:

– A senhora acha que devemos trocar uma refeição completa por um sanduíche? – indaga a jornalista, que recebe a resposta óbvia naquele gaguejar incontrolável:

– Depeeee... ndeee. Um sanduíche...íche, poooode ser mais nutritriiivo...

– Sim, claro, pode explicar melhor?

– É queeeee, depeeeeeende do que vamos cocooolocar no sanduíche...íche... Deveeeemos é evitaaaar o alimemeeento processassadodo...

Dias depois, feito o estrago, com muito bom humor e segurança a nutricionista pernambucana explicou que de fato não sofria de gagueira nem de outra dislexia qualquer. Era um ponto eletrônico que trazia no ouvido, mecanismo muito utilizado em televisão, o qual pode desnortear completamente quem não está acostumado a usá-lo.

Para o bem ou para o mal, o registro de muitos equívocos vai ainda assombrar seus protagonistas, privá-los do sossego que certamente viria com a passagem do tempo, e com o consequente esquecimento de sua estultícia. Assim, no mundo em que vivemos, deixa de ter sentido uma das mais sábias sentenças, que conhecemos desde a Grécia: "o tempo é o melhor remédio" – máxima acerca do tempo que, passado, tem o poder de apagar sofrimentos, curar dissabores e reduzir a culpa que carregamos por nossos próprios enganos.

O imprevisível resultado das escolhas

Provavelmente, no exato momento em que escrevo estas linhas, em algum lugar do Planeta um internauta estará criando um meme, cujo teor trará o julgamento imediato de seu criador sobre questão delicada de sua atualidade, de seu contexto, de seu entorno. Protegido pelo relativo anonimato – tão comum a esses milhares de *Anonymous* que surgem nas plataformas virtuais de compartilhamento de "qualquer coisa" –, já não é o sexo, o homossexualismo, as drogas, o movimento de liberação da maconha. As temáticas que alarmam os governos e as famílias estão associadas ao que circula no submundo da *dark web*, esse espaço representado pela parte obscura, inacessível e abissal de um *iceberg*, que pode conter todo o lado negro da alma humana. Sinal dos tempos, a Internet será o que fizermos dela, como disse Umberto Eco. Obviedade gritante, embora necessária de ser a cada vez enunciada, a rede, em si, não é nada além de um repertório anárquico e sem referências, no qual vamos em busca daquilo que acalente ou apazigue nossas esperanças, nossos ódios e nossas frustrações.

Desde a sublime produção do espírito humano até o que de mais sórdido somos capazes de conceber, a Internet guarda para a posteridade o acervo representativo de nós mesmos, reflexo não apenas do que realmente somos, mas do que, um dia, desejamos ser. Desde a Bíblia ao Livro Negro de São Cipriano; dos Protocolos dos Sábios do Sião a Nostradamus, qualquer um que queira poderá seguir o caminho aberto em função de sua curiosidade íntima, mas nunca será excessivo lembrar que o resultado de nossas escolhas pode se agarrar a nós para sempre.

Graves consequências decorrem da comunicação instantânea que se estabelece nas relações virtuais: a construção de uma nova sintaxe, com paulatino desaparecimento da norma culta ou mesmo da linguagem coloquial, o surgimento de indivíduos avessos e incapazes de compreender períodos compostos e longos ou ainda discursos que não venham enunciados com o suporte de uma imagem. Levando o primado da economia linguística às últimas consequências, retrocedemos à fase juvenil do entendimento dos significados, ao tempo em que éramos apenas leitores de histórias em quadrinhos ou de livros ilustrados...

Estaríamos às vésperas daquele futuro apavorante do *Fahrenheit 451*, de Truffaut?

Cena do filme Truffaut.

Muitos usuários são realmente capazes de proezas no campo da comunicação imediata. Uma troca de mensagens mantida entre dois *experts* do teclado – de difícil manuseio dos Androids e dos iPhones – pode atingir velocidade estonteante, ultrapassar os limites da possibilidade de refletirmos sobre o que é recebido, assim como sobre o que é enviado. Nem pensemos em textos com mais de dez caracteres ou frases longas, nem no uso exclusivo do idioma português. Isso que vai pelos meandros das trocas de mensagens consiste em mistura de acrônimos, anglicismos, sinais, *emojis*, abreviaturas nem sempre previamente convencionadas. Parece que impomos a nós mesmos a exigência extrema de uma resposta apressada ao que nos solicitam, daí a angústia sem precedentes que toma conta desse domínio linguístico cibernético, no qual a enunciação é compreendida porque funciona muito mais à base de símbolos visuais do que amparada pela linguagem formal.

E como já não se tem em conta a profundidade das mensagens ou a importância intrínseca do acontecimento, mas a rapidez e a novidade do acontecido, tudo pode se tornar digno de se transformar em notícia – um espancamento, um terremoto no Haiti, uma inusitada tentativa de roubo no interior de São Paulo, em que um indivíduo tentou assaltar uma pobre senhora, usando, para tanto, a réplica de uma arma fabricada com batata-doce e fita isolante. Perdida para sempre a capacidade de selecionar o que de fato importa à coletividade humana, se nosso destino no planeta ou o próximo meme de teor bizarro, ficamos totalmente perdidos em meio ao repertório de informações que circula em rede, sem critério de seleção e sem a perspectiva de que precisamos de um intervalo entre as informações a fim de que, em tempo mínimo, possamos digerir seus conteúdos.

Em um ambiente repleto de atores e de agentes, no qual, como novidade das comunicações entre as pessoas, estamos a trocar mensagens não apenas com um único interlocutor, como fazíamos até há pouco, mas sempre em grupos de seguidores e de amigos, como se falássemos para coletividades inteiras – qualquer coisa que escrevamos logo se difunde entre dúzias, centenas, milhares de leitores, ultrapassando os estreitos limites da tribo, do clã, da aldeia –, um deslize, uma incompreensão de nossas intenções, um passo em falso e nos vemos colocados em uma berlinda cibernética, que poderá destruir para sempre a reputação, a carreira, o casamento, a vida de qualquer um.

Os limites da enunciação

Algumas questões existenciais inquietam o ser humano e o acompanham, transcendendo épocas e culturas, desde muito tempo ou, para ser mais exato, desde quando, em momento de ócio, um filósofo resolveu indagar sobre a natureza íntima das coisas. Logo surge então o problema da política e sua importância para a vida em sociedade. Quantas inteligências já não tentaram encontrar uma forma de estabelecer um significado definitivo capaz de dizer o que é a ação política – de Parmênides a Maquiavel, de Aristóteles a Adorno? Hoje, conformados com a polissemia de sentidos, consideramos que existem tantos modos de *fazer política* quanto definições cabíveis acerca do significado do conceito. Nenhum capaz de suplantar o outro, todos mais ou menos válidos, segundo o contexto a que se ligam: ora a ação política é a arte do convencimento, no sentido de uma disputa sobre a melhor maneira de conduzir os assuntos relativos ao bem-comum, ora instrumento à disposição de quem, para si ou em nome da coletividade, deseja chegar ao poder.

Estruturar a ação unicamente a partir de envio diuturno de conteúdo digital (muitas vezes, as tais *fake news*) a usuários incautos pode ser também considerado ação política?

Não há dúvida de que o Brasil se tornou solo fértil, em vista das diversas experiências vividas no campo da comunicação no espaço cibernético. Além de o embate ideológico ser posto em bases inéditas, confirmou-se a tese segundo a qual significa suicídio político prescindir das redes sociais para a conquista de simpatia dos eleitores ou para a derrubada de concorrentes em uma disputa. As eleições gerais de 2018 o comprovaram. Embora não sendo ainda possível desprezar o papel do espaço público, dos encontros ao ar livre, das manifestações populares, os vitoriosos naquele pleito foram os que melhor manejaram a informação, fosse falsa ou verdadeira, como ferramenta política, no interior das redes sociais.

Vivemos ainda as consequências dos resultados dessas eleições, e as redes, a todo vapor, continuam a representar, muitas vezes, o papel da mídia alternativa, para todas as trincheiras envolvidas nessa disputa que não cessa. Sem crédito, por outro lado, a grande imprensa pagou um elevado tributo por suas escolhas do passado, por sua arrogância costumeira, fundada no ilusório controle sobre as forças em jogo. Parece que o cidadão comum já desconfia que outros interesses (anunciantes, interesses comerciais e fiscais etc.) regem a tentativa dos grandes veículos de imprensa de persuadir a opinião pública.

Correndo por fora, navegando nas águas dos conteúdos produzidos pelas redes sociais, hoje o cidadão comum prefere se "informar" por meio do que é produzido exclusivamente por outros usuários ou por eles *printados*.

Muitos desprezam os grandes veículos de comunicação, os profissionais da imprensa, os articulistas, dando preferência ao *feed* de notícias ou aos conteúdos sintéticos do Twitter. Sem contar que estamos diretamente em contato com os protagonistas, em vez dos artigos analíticos, quase sempre extensos, muitos usuários se sentem bem não apenas com a informação compacta, às vezes superficial, mas em passar à frente os *posts* ou *tweets* de sua preferência ou que estão de acordo com suas convicções.

A limitação do número de caracteres (280), regra imposta pela rede criada por Jack Dorsey, Evan Williams, Biz Stone e Noah Glass, impede a formação de textos longos e contribui para o estabelecimento da superficialidade e para aquilo que José Saramago denominou "a tendência para o monossílabo". Aparentemente avesso à nova forma de comunicação, e arrematando que "de degrau em degrau vamos descendo até o grunhido", o curioso é que o autor de *Ensaio sobre a cegueira* tinha também no Twitter a sua conta muito bem utilizada e ativa. Enquanto o célebre escritor viveu, não deixou de *twittar*, neologismo que significa escrever qualquer coisa na plataforma, mas, em tradução literal, diz respeito a "gorjear" ou "piar". Opera*ção* comandada por Saramago, por Pilar ou por qualquer outro secretário, o escritor pareceu se divertir, quando veio a produzir ditos dos mais extraordinários, submetendo-se de bom grado ao limite imposto pelo *site*.

O fato é que, quando elaboradas, tendo em vista a limitação de caracteres, as sentenças correm o risco de ser mal interpretadas, ou de ser sequer interpretadas. Cada vez mais, portanto, entre os hábeis usuários do Twitter, está a se formar quase um novo código de sinais, fruto da adaptação da linguagem ao limite permitido pelo *site*. E como nem todos são Saramago – que é capaz de dizer coisas como: "das habilidades que o mundo sabe, esta é que ele ainda faz melhor: dar voltas" – nem dominam a arte da síntese ou o princípio da economia linguística, o mais das vezes o que vemos é o enigma, quando não a fala truncada ou que não surte o efeito desejado, dissolvida pelos solecismos, impossibilidade cabal de estabelecimento preciso da comunicação.

Nem mesmo o presidente da República, e muito menos ele, estará imune ao risco, como se percebe em *tweet*, publicado em 21/5/2019:

> ***"O Ministro da Saúde encontrou estoque de remédios para doenças raras e transplantados zerados no início de janeiro. Gasto anual com esses medicamentos é próximo de R$15 bilhões. Licitação para recomposição do estoque e distribuição aos pacientes deve ser normalizada até junho" (sic).***

Da leitura de tão estranha mensagem só se pode depreender que o ministro da Saúde, além do "estoque de remédios para doenças raras", encontrou também "transplantados zerados no início de janeiro". Superadas as agressões ao estilo, o que estariam fazendo alguns transplantados nesse lugar que sequer é mencionado, provavelmente o estoque? Mistério que clama resolução, instiga-nos saber ainda, de fato, o que é um "transplantado zerado" e por que razão se classificaram como "zerados no início de janeiro" e não em fins de dezembro? Aprofundando a exegese, de modo a poder adivinhar que quem está zerado é o estoque, pergunta-se: o que significa "encontrar zerado"? Afinal, melhor não seria empregar a locução "não encontrar"? Só não se consegue resolver o problema pertinente ao transplantado que aquele ministro encontrou, se é que um ministro vai à rua, saindo de seu gabinete, à cata de alguma coisa...

No segundo período, vê-se que a notícia não é boa. Limpando-se a oração, verificamos aturdidos que somente no início de junho a "licitação será normalizada", o que fará com que os "transplantados zerados" ainda tenham que aguardar o fim do processo licitatório, coisa demorada, como sabemos, para aquisição dos seus medicamentos.

A pressa, sempre a pressa e a necessidade da comunicação imediata... Nunca devemos prescindir da boa colocação das vírgulas e das regras de regência. A fim de ajudar o Presidente, corrijamos, portanto, a mensagem: *No início de janeiro, o Ministro da Saúde encontrou vazios os estoques de remédios para doenças raras e para transplantados. O gasto com esses medicamentos gira em torno de 15 bilhões de reais. Após licitação para recomposição do estoque, a distribuição aos pacientes deve ser normalizada até junho.* Ao fim e ao cabo, os destinatários entenderam a mensagem de utilidade pública, humanitária, e que certamente trará alento aos que necessitam desses medicamentos.

Ora, quem sou eu para afirmar que quem escreve semelhante texto escreve mal, senão apenas responsabilizar a pressa com que tais postagens são elaboradas ou ainda a necessidade urgente da contratação de um copidesque? A aflição momentânea de quem escreve ao calor da hora, e a proibição que limita o tamanho da postagem a 280 caracteres também causam estragos. Cientes da impossibilidade da expressão completa, ou temerosos de que lhes venham apontar a falta de sentido na fala, muitos usuários se limitam a articular o pensamento quase em bases mínimas, de curtíssimo conteúdo, porém pouco exato, limitado, empobrecido.

O aqui-e-agora

Ora, há dez anos a possibilidade de divulgação imediata do fato era não só impossível, como não havia qualquer razão para que sentíssemos necessidade de ser informados *imediatamente* sobre o que estava acontecendo no mundo. Podíamos esperar o "jornal das oito" ou o matutino do dia seguinte. Tínhamos, portanto, menos pressa em saber, talvez advertidos por Foucault, que nos apontou para os perigos da informação pouco amadurecida. Para o filósofo francês, "saber mal" era muito pior do que "não saber", em vista de que a convicção equivocada é letal, ao passo que a ignorância só é capaz de nos levar ao imobilismo.

Ao tempo da "imprensa tradicional", o acontecimento "bruto" era avaliado, pensado, confirmado, para depois receber nas redações a forma de narrativa coerente e acabada, destinada ainda a um público preparado para a linguagem jornalística; rodado em seguida nos grandes parques gráficos dos jornais, chegava aos leitores com atraso de algumas horas. Algo impensável nos dias de hoje, quando recebemos a informação do evento às vezes segundos depois do acontecido.

Todavia, só um louco não reconheceria a utilidade da informação imediata. Nas cidades grandes, principalmente, às vezes por questões de segundos somos salvos de perigos, de catástrofes, desabamentos e *tsunamis*. Sem resistir às chuvas da estação, outro dia mesmo, no bairro da Gávea, Rio de Janeiro, nem bem acabara de desabar a cobertura de concreto de um túnel acústico, segundos depois recebi nas redes sociais a fotografia do desastre e o ônibus esmagado sob os escombros. Felizmente, não houve feridos e eu, informado da calamidade, tive tempo de modificar meus trajetos. Mas é só isso – utilidade pública. Uma renúncia ao ministério, a alta dos preços dos gêneros e a prisão de um malfeitor podem muito bem ser noticiadas com algumas horas de defasagem, sem que venhamos a sofrer qualquer consequência em nossas vidas.

Sem alternativa para sobrevivência, inaugurada a noção de "em tempo real", já se nota a migração dos grandes títulos, dos grandes periódicos para o formato eletrônico, de modo a que caiba no suporte dos Androids e dos iPhones. Seguindo ainda o conceito segundo o qual podem esses dispositivos trazer o mundo no bolso, pois qualquer intervalo, nas atividades corriqueiras dos usuários, permite uma pequena olhada no que está a se passar no mundo. É o adeus às redações e o surgimento de um novo profissional de imprensa, dono de outros méritos, formado mediante outras capacidades e preparado para explicar o que está a acontecer no "aqui-e-agora".

A dissociação entre desejo e realidade

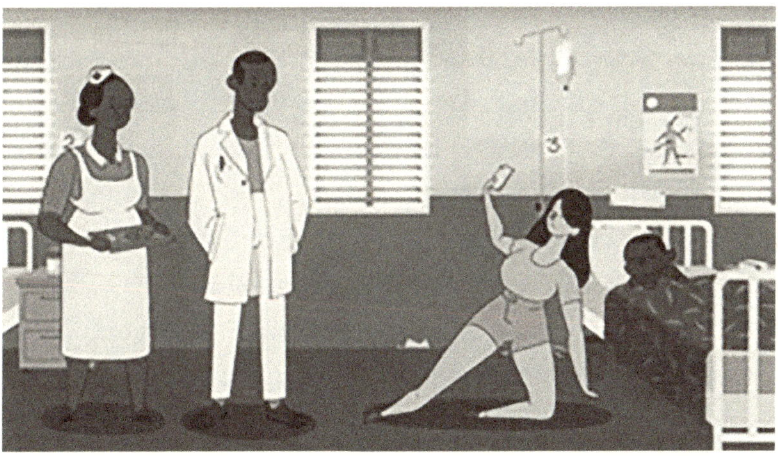

No final de 2017, o *Norwegian Students' and Academics' International Assistance Fund* (SAIH) iniciou uma campanha dirigida a milhares de jovens da Europa e dos EUA que, durante as férias, viajavam para a África a fim de participar das diversas ações de ajuda humanitária. O SAIH pretendia desestimular aqueles que, sem querer, acabavam produzindo estereótipos a partir das *selfies* de suas experiências postadas nas redes sociais. A entidade começou a perceber o fato de que, embora cada um daqueles *posts* viesse a incentivar outros a participar, na verdade revelava o grau de pouco envolvimento dos jovens com o outro ou com o resultado prático dessas mesmas ações humanitárias. Outras vezes, a partir da exposição dessas experiências em rede, as crianças, aldeias ou famílias acabavam participando de maneira pouco convencional na "cena", quando eram transformados em mero acessório da experiência dos europeus ou dos americanos, em sua desproporcionalidade, a revelar altas doses de indiferença e descaso.

Para fazer despertar a consciência ética desses bem-intencionados jovens, que abdicavam de suas férias para prestar ajuda aos necessitados do Terceiro Mundo, o SAIH usou suas próprias redes sociais e criou a conta *Barbie Savior* – certamente, a maior influência de nossa "Barbie do Bem". Foi criada então uma série de situações discrepantes para demonstrar a completa incompatibilidade entre desejo do voluntário de acumular *likes* em seu perfil e a realidade de miséria, doença e morte à sua volta. Comparando-se as cenas reais com as criadas pelos idealizadores da *Barbie Savior*, percebe-se perfeitamente a dissonância que nos tem tornado seres frios, indiferentes e egoístas, incapazes de sentir o drama do semelhante – daí o caráter inócuo de algumas ações, como a descrita no meme a seguir, a qual acaba por confundir ação proativa com exibicionismo egoísta:

Neve para um Natal na África.

A cena é patética. A *Barbie Savior* revela que, quando criança, costumava aquecer-se na lareira ao pé de sua árvore de Natal. Junto à querida família, todos os anos, via a neve lá fora e olhava o anjinho no topo da árvore. Em seus sonhos com o futuro, jamais poderia imaginar a realização de levar para a África a magia do Natal, como nos é revelado:

> **"E este ano? Graças às suas generosas doações, fomos capazes de angariar $695,431.39 dólares para obter este contêiner de neve e enviá-lo direto para a minha primitiva aldeia africana"**

No Brasil, longe da aldeia fictícia, objeto da "boa ação" da *Barbie Savior*, no início de 2016 milhares de pessoas foram às ruas pedir o *impeachment* de Dilma Rousseff.

Caravanas de todas as partes do País se concentravam nas grandes cidades e no interior, com larga divulgação das manifestações, ora pelos que apoiavam o afastamento da Presidente, ora por quem, sendo contrário ao *impeachment*, procurava as gafes de seus oponentes de modo a apresentá-los como gente mesquinha e hipócrita, incapaz de se sensibilizar com o sofrimento alheio. Assim ficou famoso o meme em que um grupo de pessoas, vestidas com roupas de grife e camisas da CBF, tirava *selfies* com moradores de rua, que dormiam sob marquises incertas de Copacabana. A fim de apresentar o que seria a desastrosa política habitacional e de emprego, dos anos em que o partido de Dilma esteve no poder, os autores das *selfies* não tinham consciência de que sua demonstração pudesse se tornar viral e ser usada contra eles mesmos.

A indiferença, a dissociação cognitiva, a incapacidade de uma reação adequada diante dos dados da experiência e da realidade circundante, tudo isso foi captado pelas lentes do fotógrafo russo Ilya Varlamov em fins de 2018, durante as manifestações dos *Gilets Jaunes* em Paris. A fotografia, que viralizou nas redes, mostra a alegria de uma jovem durante os protestos do famoso grupo francês, alheia à possibilidade de que ela própria pudesse se tornar vítima das circunstâncias:

Paris, 2018. Ilya Varlamov.

De onde viria o desejo de criarmos registros permanentes das experiências vividas? Seríamos todos essencialmente "jornalistas", desde a origem da cultura, ou a prática está intimamente associada ao tempo em que vivemos? Nota-se nesse tipo de dissociação uma certeza: a de que a moça da lanchonete sente ser uma espectadora isolada, a viver em uma redoma, apartada dos acontecimentos que eclodem à sua volta. "Protegida" pelos vidros da lanchonete, cujo logotipo é parte componente da cena, a moça não sente os efeitos do gás lacrimogêneo, o que contribui para que se perceba como testemunha ocular que não corre riscos e veja o mundo passar diante de si como se estivesse a observar um filme na tevê. E de que se ri? – é a pergunta que fica sem resposta. Talvez nem mesmo o fotógrafo russo que registrou a imagem saiba responder, uma vez que ele, do lado de fora da lanchonete, parece sentir o perigo da situação e de ser parte integrante dos fatos que retrata.

Das mais bizarras atitudes, esta incompatibilidade está também presente no modo como toda a gente procura registrar os acidentes, as catástrofes, as explosões, os suicídios, de maneira fria e isenta, como se fossem profissionais ou peritos que pretendem produzir dados históricos dos acontecimentos presentes. E pensando em alguma posteridade ou na informação para as próximas gerações? Talvez não, mas apenas no intuito de fazer com que a imagem se transforme em um meme, em um GIF que viralize ao infinito e que receba milhares de *likes* dos usuários de nossa rede.

O ato do registro nos torna imunes ao acontecimento, demonstrando a falta de envolvimento com o acontecido. Os dispositivos erguem um muro e nos fazem viver experiências, protegidos dos perigos, das emoções ou das frustrações. Depois, captado o instante pelas lentes dos celulares, é como se não tivéssemos mais confiança na memória humana ou a julgássemos imprestável, incomparavelmente inferior em capacidade aos *bits* de armazenamento das nuvens virtuais.

Edward Carr teria dito, em suas lições reunidas sob o título *Que é História?*, que a ótica humana, que seleciona e concebe os fatos a narrar, encerra sempre um ponto de vista; quanto mais privilegiado, segundo o lugar de quem o ocupa, maior a capacidade de descrevê-los, segundo as inclinações políticas, morais, preferências teóricas, ideológicas e religiosas do narrador. Sempre descrição parcial, nunca a ninguém será dada a possibilidade de observar o que quer que seja de todas as direções, daí o aspecto sempre conflituoso, quando não confuso, da História, cuja narrativa depende da natureza incerta e frágil da "observação" humana. Por isso, a História Universal só seria possível como ideia, dizia Carr, aproximando-se de Hegel.

Segundo essa lógica, nem mesmo um simples objeto poderia ser captado em sua totalidade geométrica, simultaneamente, a partir de todas as visões possíveis, senão como aquela esfera imaginária descrita por Borges em *O Aleph*, objeto que guarda o ser na "casca de noz" e reúne em si o reflexo de todos os pontos possíveis do universo, sendo a representação inteira daquilo que a totalidade do mundo foi, é e será:

> ***"En ese instante gigantesco, he visto millones de actos deleitables o atroces; ninguno me asombró como el hecho de que todos ocuparan el mismo punto, sin superposición y sin transparencia. Lo que vieron mis ojos fue simultáneo; lo que transcribiré, sucesivo, porque el lenguaje lo es".***[4]

Estádio San Siro, Milão, final da *UEFA Champions League*, temporada de 2015-16. O jogo entre Real Madrid e Atlético de Madrid empata no tempo normal e no tempo extra da prorrogação. Somente após a disputa de pênaltis conheceremos

---

4 Nesse instante gigantesco, vi milhões de atos prazerosos ou atrozes; nenhum me assombrou tanto como o fato de que todos ocupassem o mesmo ponto, sem superposição e sem transparência. O que viram meus olhos foi simultâneo; o que transcreverei, sucessivo, pois a linguagem o é.

o campeão do torneio. Cada jogador vai, então, convertendo as cobranças até que, terceiro a bater, Juanfran, lateral do Atlético, chuta a bola na trave. O Real vencerá a disputa e, se marcar, será o campeão. Quem se apresenta é Cristiano Ronaldo. Ao redor, por toda a arquibancada, vemos milhares de *flashes* de celular espocando. Em imagem celebrizada pela Internet, atrás da baliza em que será feita a cobrança, todos os torcedores observam o craque português através dos *écrans* de seus aparelhos. Como se houvessem abdicado de admirar diretamente a cena antológica, preparam-se para fotografar ou filmar a cobrança que dará ao Real Madrid o décimo primeiro título europeu.

Nem Carr, nem Borges poderiam sequer imaginar esse momento histórico, a tecnologia que permite a cada indivíduo registrar um evento como seu e pintá-lo com as cores do seu ponto de vista particular. Abdica de observá-lo diretamente? Quem se importa! A soma de todas as imagens captadas no instante é, portanto, a totalidade jamais alcançada objetivamente e apenas hegelianamente pensada como ideal ou como a universalidade do acontecimento histórico instantâneo, criado pela ficção, do conto *O Aleph*: a esfera imaginária que abarca todas as coisas por meio da representação de si mesma no espaço-tempo.

Conclusão – no império da desinformação

No domínio da lógica clássica, a validade dos argumentos é aferida pelos conceitos "verdadeiro" ou "falso". Para essa disciplina milenar, podemos assinalar os extremos binários, do verdadeiro como (A = A) e o do falso (A ≠ A). Aqueles que tentaram burlar essa regra axiomática e de alcance universal se enredaram em inúmeros paradoxos. Ninguém duvida que a notação A = A seja 100% verdadeira. Mas sua simplicidade intrínseca esconde um problema de natureza filosófica dos mais estranhos. Ora, o fato de ser óbvio, aqui, não significa tão-somente que seja exato, como diria uma canção de Caetano Veloso, mas surpreende-nos o fato de que, sendo óbvio, por que permanece oculto e carece ser, a cada vez, enunciado para que alcance sua plenitude? Quem já se perguntou por que é exato que toda coisa seja idêntica a si mesma? Máxima que nos leva a um sentimento de estranheza, poeticamente, numa espécie de duplo, a nos autorizar a exprimir, como Santo Agostinho: "nada há mais próximo de mim do que eu mesmo".

Mas, quando saímos desse domínio em que a linguagem é limitada ao campo das notações binárias e entramos no espaço do discurso, principalmente no que se refere às narrativas sobre as realidades do mundo social, perdemos a capacidade de verificar a validade das expressões e a pesquisa sobre o valor de verdade deixa de ter sentido.

Tudo pode "ser", como tudo pode "não ser", ao mesmo tempo, em flagrante desrespeito a outro princípio lógico clássico, o da não-contradição, segundo o qual *uma coisa não pode ter e não ter, ao mesmo tempo, a mesma propriedade* (A = x e A ≠ x). Enfim, parece que chegamos a negar um dos elementos primordiais da compreensão do sentido do mundo...

E se não apenas a verdade, mas também a inverdade, o falso, o engodo e o equívoco fossem imprescindíveis para a existência humana na Terra? – indaga Nietzsche em *Além do bem e do mal*.[5] Seria não apenas uma surpresa se algum filósofo nos conseguisse convencer dessa hipótese, mas um perigo demasiado para os defensores morais da verdade, que passássemos a nos conduzir de modo a dar um merecido valor ao erro e à falsidade. Não é outra a impressão que, indiretamente, Freud apresenta em *O futuro de uma ilusão*, célebre ensaio de antropologia da religião, escrito em 1927, no qual o Pai da Psicanálise assegura que as ideias menos abalizadas e as certezas mais frágeis, como a crença em Deus Pai ou em deuses-divindades, são aquelas que mais nos ajudam a viver de modo a enfrentar os problemas cruciais da existência.

Concordo com Tommaso Venturini quando diz que estamos dando desmedida importância ao fenômeno atualíssimo das *fake news*, como se viessem, agora, a ameaçar não apenas a democracia, mas a cultura e o modo de vida ocidentais. Não há novidade na desinformação, em fazer uso e divulgar informações falsas por má-fé, segundo o renomado estudioso. Aliás, toda propaganda não se move em um horizonte de ficção, a par da construção de um mundo de fantasia? O ser humano sempre conviveu com a criação de notícias exageradas, distorções e boatos, invenções de toda espécie, forjados com os mais diversos objetivos. Acreditar que as *fake news* poluem o espaço em que

5 "...a nossa inclinação básica é afirmar que os juízos mais falsos nos são os mais indispensáveis, que, sem permitir a vigência das ficções lógicas, sem medir a realidade com o mundo puramente inventado do absoluto, do igual a si mesmo, o homem não pode viver – que renunciar aos juízos falsos equivale a renunciar à vida, negar a vida".

a informação verdadeira poderia circular equivale a dizer que alguma vez o espaço midiático foi exemplarmente exato e ético, coisa que nunca aconteceu, e os exemplos de manipulação da informação estão aí para comprová-lo.

O fenômeno parece ter alertado as consciências, no contexto das campanhas políticas mais recentes, e das eleições que se sucederam, em quase todos os países democráticos. Associada então às *junk news*, como são chamadas as notícias de "baixa qualidade", essa categoria de informação na verdade parece ter sempre existido. O problema é que, antigamente, eram obrigadas a conviver com o jornalismo dito sério. Hoje, *fakes* e *junks* reinam absolutas na preferência de quase toda a gente. Acho mesmo que a baixa qualidade e a falsificação chegam a ser condições para que a desinformação se torne viral e atinja velocidades inauditas.

O caso francês é emblemático, capaz de jogar um feixe de luz sobre o casamento entre *fake* e *junk news*, sobre a natureza dos atores em cena e sobre a nova forma de fazer política dos tempos atuais nas democracias liberais do Ocidente. Juan Branco, em seu livro *Crepuscule*, assegura que Emmanuel Macron não se tornou presidente da República por seus dotes de eloquência, sua capacidade de articulação política, seu carisma ou mesmo por sua experiência em assuntos públicos ou financeiros. Sua vitória em 2017 deveu-se a uma bem-sucedida operação midiática, sem precedentes, em que estiveram envolvidos um milionário, amigo de Macron, e uma agenciadora de *paparazzi* que não se furtava a recorrer à chantagem quando tinha em mãos imagens de figuras públicas em situação comprometedora.

Xavier Niel e Michèle Marchand são os nomes desses dois personagens, protagonistas da vida pública francesa recente. Ter-se-iam conhecido, segundo Juan Branco, por intermédio do advogado comum a ambos. Niel fora recolhido à *maison d'arrêt de la Santé*, a prisão para a qual as autoridades judiciárias encaminham as celebridades – as autênticas e as de ocasião –, por condenação em processo a que respondeu por acusação de rufianismo e por "abuso de bens sociais",[6] entre 2001 e 2004. Já Mimi cumpriu pena na *maison d'arrêt de Fleury-Mérogis* pelo singelo crime de tráfico de drogas, ao ser flagrada transportando meia tonelada de haxixe em seu furgão. Ao saírem da prisão, os dois vieram a se tornar expoentes dos novos grupos que controlam a mídia na França. Xavier Niel, já considerado um dos homens mais ricos de seu país, tornou-se sócio majoritário e controlador do tradicionalíssimo *Le Monde*, suporte da candidatura Macron, junto com outros magazines franceses. Mimi Marchand, proprietária da Bestimage, conhecida como agenciadora de informações privilegiadas sobre celebridades, passou a ser conselheira de comunicação do casal Brigitte e Emmanuel. Sua função não se resumia a dar conselhos sobre como sorrir em público ou formular orientações acerca de determinada gravata ser ou não adequada a tal ou qual ocasião. Envolviam ações de *lobby* junto às revistas francesas para aquisição de *Unes*, a primeira página dos periódicos daquele país, que quisessem ostentar fotografias do casal Macron na intimidade.

6 Delito tipificado no art. 347 do Código Comercial francês, que pune quem use o patrimônio público, receitas públicas, ou bens públicos em proveito próprio ou de seus negócios.

De parte a parte, forjaram, segundo Juan Branco, basicamente, com um lastro invejável de *junk news*,[7] um personagem fictício, à altura dos interesses dos grupos que detêm não apenas o controle da *mass media*, mas grande parte dos negócios milionários, dos quais o Estado francês é o principal, quando não único, cliente.

Não foram Mimi e Niel tão criativos – embora dispusessem de experiência e *know-how* para tanto – que produziram as *fausses nouvelles* mais célebres da corrida eleitoral francesa de 2017. Às vésperas do primeiro turno, fizeram viralizar a notícia de que o candidato do *En Marche!* era sustentado por um "lobby gay" e que seu casamento com Brigitte, mulher duas décadas mais velha, era apenas fachada para esconder o relacionamento homossexual que mantinha havia vários anos com Mathieu Gallet, diretor-executivo da Radio France. Certamente inventado pela oposição, provavelmente vindo das hostes de Marine Le Pen ou de François Fillon, do LR, de quem se descobriram práticas nepotistas em seu gabinete. Mas os rumores sobre a sexualidade do candidato não foram suficientes para modificar os rumos do pleito de 2017 – Macron venceria Marine no segundo turno por uma *courte tête*, como dizem os franceses.

---

7 A quem, por curiosidade, quiser averiguar a massificação da notícia de baixa qualidade sugiro que, num motor de busca, associe ao nome de Macron os títulos das principais revistas semanais francesas, Paris Match, Gala, VSD, Closer. Assim, o leitor terá oportunidade de ver o nível de superficialidade da informação: a repetição do tema da intimidade do casal Brigitte e Emmanuel, as fotos da residência, o guarda-roupa e o quarto de dormir, a toilette. Não resta dúvida, todavia, que a capa mais patética terá ficado a cargo da VSD, que ostentou a imagem de um Macron velho, feita por um desses aplicativos que criam uma imagem aproximada de nós mesmos na velhice.

Tamanha é a quantidade de desinformação e fantasia que circula em rede, que aqueles que estudam o assunto costumam atribuir essa produção a "fábricas de fake news" (*fake news factory*). Nem sempre é possível imediatamente desvendar o falso teor de uma *fake*, separá-la das outras notas de veracidade comprovada e até do que seria simplesmente informação de baixa qualidade. É cada vez maior, portanto, o trabalho das agências de *fact checking*, e ainda assim é necessário supor que milhares de incautos acreditarão nessas inverdades absurdas, como aquela que assegurava, no contexto da disputa pela Presidência dos EUA, que Hillary Clinton havia tido um caso amoroso com Yoko Ono. Não importa que a notícia fosse divulgada pelo World News Daily Report, o *site* de *fake news* e sátiras dos mais famosos daquele país, notório por intensa produção no campo da fantasia.

O fato é que, em alguma medida, intencionalmente ou não, a notícia do romance da candidata democrata logo foi compartilhada a uma velocidade espantosa e tornou-se um dos principais assuntos do momento, inclusive no Brasil, cuja imprensa costuma dar cobertura completa da eleição estadunidense, além de sentir predileção incontrolável por certas bizarrices. E isso divulgado em plena campanha presidencial, quando Hillary disputava a indicação do Partido Democrata, em acirrada luta contra Bernie Sanders. Certamente terá complicado sua escalada rumo à escolha de seu nome pelo partido, pois dificilmente os efeitos de um boato dessa magnitude podem ser ignorados, não sendo poucos os que afiançaram como verdade incontestável que Hillary Clinton e Yoko Ono haviam se conhecido em Yale, onde encetaram o caso amoroso, com o conhecimento de John Lennon, durante os protestos de estudantes contra a guerra do Vietnã.

O fim daquela eleição, todos sabemos. Hoje, impossível medir o efeito que o suposto *affair* com a viúva do ex-Beatle teve sobre os resultados. Influências ainda nunca são suficientemente consideradas, já que, se por um lado poderia contribuir para que decaísse a intenção de votos dos conservadores, aumentaria, por outro, o da comunidade *gay* em Hillary Clinton. Como no caso do falso apoio do Papa Francisco à candidatura Trump, apoio cujos efeitos poderão ser contados como negativos, em vista da péssima imagem que a Igreja Católica tem nos EUA, sobretudo após o escândalo dos padres de Boston. Trata-se de via de mão dupla, enfim, e o que poderia ser levado na conta do favorecimento de uma campanha, sem que se perceba pode se tornar fonte de problemas e afastar de uma candidatura um número considerável de eleitores.

Graças aos incríveis *softwares* de edição de imagens e à criatividade dos usuários da rede mundial de computadores, fotografias em preto e branco de uma Hillary jovem, sentada na cama com John e Yoko, ou lado a lado com a suposta namorada, logo seriam montadas – algumas até grosseiramente, como se pode ver do exemplo a seguir:

John, Yoko e a jovem Hillary. A falsificação dos fatos com fins eleitorais.

Outro elemento a ser levado em conta na condução e no percurso das *fake news*, essas imagens digitalizadas e remodeladas tornamse muitas vezes a confirmação acabada do boato. É lógico que tendemos a dar maior crédito a uma notícia falsa acompanhada de uma foto, um gráfico, uma imagem, ainda que captada de forma clandestina. Tommaso Venturini arrisca dizer que algo há por trás das *fake news* e as formas usuais para o combate à desinformação têm sido mais lesivas ao meio do que o próprio fenômeno em si. Utilizando a metáfora do remédio cujos efeitos colaterais são mais prejudiciais ao doente do que a própria doença, Venturini assinala que quanto mais temos sob consideração uma *fake*, expondo a intrínseca falsidade que carrega, submetendo-a às ferramentas de *fact checking*, provavelmente maior será o lucro para seus criadores. Diz o estudioso que cada imagem ou informação traz a marca de seu produtor, que depois efetua a cobrança dos interessados em termos do alcance algorítmico que seu produto obteve nas redes sociais. Enfim, existe, além da estratégia política, uma questão financeira, e não apenas de vaidade ou exposição narcísica, por trás da aparente "ingenuidade" de uma *fake*. Muita gente, ajudada por robôs de milhares de perfis falsos, estará fazendo fortuna sem que tenhamos qualquer ideia a respeito disso...

Não é de hoje que o campo político surpreende com a capacidade criativa, com a falta de caráter dos inventores de notícias e com a falsificação dos fatos para fins dos mais variados interesses. Seria um equívoco acharmos que o distanciamento no tempo nos permitirá desvendar o que para os contemporâneos se mostrava como fato insondável. Em meados do século XVIII, sob o reinado de Dom José I, o chanceler português Sebastião José de Carvalho e Mello, vendo-se em dificuldades para levar a cabo seus projetos e às voltas ainda com a oposição da alta nobreza, deu início a um dos primeiros casos de *lawfare* da História. Vindo incógnito pela Rua da Ajuda, em Lisboa, depois de um encontro com uma de suas amantes, o Rei sofreu uma tentativa de assalto, ou quem sabe um atentado, no qual foi ferido a bala. Sem maiores riscos, pois o projétil apenas resvalou o real antebraço. Sebastião José viu no episódio a chance de pôr em marcha a perseguição a seus inimigos e opositores: o Marquês de Távora, a Marquesa Velha, o Duque de Aveiro, o padre Malagrida, os jesuítas, entre outros.

Em um processo judicial – se é que se pode chamar "processo" a um tal procedimento sumaríssimo – sem precedentes na História ocidental, em três dias os suspeitos foram presos, ouvidos e julgados. Condenados em duas instâncias à pena capital, foram decapitados, sem direito a clemência, e depois queimados em um patíbulo erguido na Junqueira, espécie de Bastilha, a pavorosa prisão do antigo regime em Portugal. Livre então dos constrangimentos vindos de uma nobreza opositora e raivosa, a qual tinha enorme influência sobre o monarca, Sebastião José, depois Marquês de Pombal, pôde enfim levar a cabo seu projeto de poder, que incluía a criação de diversos monopólios para maior controle das colônias, da produção e do comércio no reino, além de orientar o país, no plano externo, para uma posição de independência e de equidistância das potências da época.

Não seria necessária a passagem de um século para que fossem questionados os procedimentos que culminaram na execução dos supostos envolvidos no "atentado". Após a morte de Dom José I, D. Maria I, sua filha e herdeira do trono, ordenara, num movimento que ficou conhecido como "A Viradeira", a restituição dos Távora e demais envolvidos, e fez devolver as propriedades e títulos aos Duques de Aveiro, além de restabelecer a Ordem Jesuíta em Portugal. Até hoje não foram bem esclarecidos os fatos relativos ao ferimento real ou, se fosse o caso, sobre a descoberta dos mandantes do suposto atentado.

Atualmente, qualquer um pode ter sua própria fábrica de *fake news*. Com os utensílios de edição disponíveis nos computadores pessoais, um simples zé-ninguém pode se tornar responsável por desencadear a terceira guerra mundial. Face ao caráter democrático do meio, que iguala pessoas, instituições e marcas, com as mesmas prerrogativas, uma postagem da principal agência de notícias dos EUA terá a mesma importância daquela de um blogueiro fracassado. Já não conseguimos efetuar nossas escolhas, tanto mais se levarmos em conta que, rigorosamente, todos os atores e perfis em cena não se importam em produzir e divulgar desinformação em rede.

Talvez por isso, ultimamente foi difundida a crença segundo a qual o mundo cibernético tem a capacidade de corromper o ser humano, fazendo despertar nele os piores instintos. Muitos consideram que a sombra do anonimato, que nos protege na rede, permite que se dê corda a certos impulsos condenáveis, deixando os indivíduos livres para a prática de suas infâmias e de suas perversas inclinações. Inaugurando uma nova e estranha forma de narcisismo, por outro lado, é vista como ameaça à estabilidade social a ausência de uma regulação eficaz do meio ou a falta de controle pelos mecanismos de vigilância, de modo que viessem a tornar o ambiente virtual "mais seguro e menos ameaçador". A situação vivida pelo novo homem digital aponta para uma encruzilhada, cujos caminhos levam à redenção, ou ao Inferno, e reedita a dúvida que rondou a filosofia do Iluminismo e atormentou, em especial, a Jean-Jacques Rousseau: saber se o ser humano – suprimidas de si as camadas que a educação, a moral, a vida social, a religião e a cultura lhe foram acrescentando pelos séculos a fora – é essencialmente bom ou mau. Parece que nos colocamos diante dessa questão nunca resolvida e sempre novamente posta em bases apavorantes: descascadas as crostas acumuladas, sobrará tão-somente o "homem natural" rousseauniano?

Não sei se é possível atribuir ao ser humano uma espécie de fatalidade, ser essencialmente bom, corrompido pela ordem social, ou se carrega o defeito congênito do pecado original, a inclinação sistemática para o opróbrio.

Uma predisposição suposta e o fato de haver "mau" uso da Internet trazem ao debate a possibilidade de censura e o controle permanente do espaço virtual pelos órgãos estatais, o que seria um desastre. Porém, Umberto Eco, em recente entrevista, além de assentar a ideia segundo a qual o excesso de informação tem como consequência nos deixar desorientados, fez sensata advertência sobre o campo de "neutralidade" da Internet. Para o crítico italiano, o mundo virtual não é mau nem bom em si mesmo. Teria o caráter de uma caixa de ferramentas odontológicas que tanto é útil para consertarmos um dente, como nos serve de baú que guarda possíveis instrumentos de tortura. O aspecto positivo ou negativo a ser obtido desse universo depende do comando dado pelo usuário (ou pelo dentista), do caminho escolhido e do espaço a ser navegado. Quem quiser navegar em águas limpas ou em lamaçais pantanosos, privar do lodo da alma humana o domínio dos objetos repugnantes que pululam em certos quadrantes obscuros da rede, que fique à vontade – da mesma forma, também, para aqueles que sentem irresistível atração pelo sublime e por tudo de elevado que foi produzido pelo gênero humano em todas as eras.

Chegam a soar quase como obviedades as colocações do autor de *O nome da rosa*, mas caberia indagar: haverá algo de específico e novo no mundo digital, capaz de fazer surgir um novo homem, ou somos nós mesmos, como sempre fomos, com a diferença de que estamos de posse de um novo e perigoso brinquedo? Seja como for, abre-se em nosso tormentoso tempo uma nova perspectiva, a de saber se estamos convenientemente preparados para o maior salto dado até hoje no rumo da tão sonhada emancipação humana. A alternativa a esse grande passo, abdicar da difícil e sempre inócua tarefa da busca pela verdade (que não é somente preocupação da ciência), poderia ser a barbárie, a vida próxima ao abismo, o colapso das formas de organização social tal como as conhecemos e que nos mantêm vivos? Ou estaríamos, como diria Nietzsche, sedentos de tolices, de fantasia e de equívocos, indo ao encontro do humano, demasiadamente humano? Só o tempo para dar a adequada resposta, a qual nem eu mesmo me arrisco a imaginar qual seja.

Dados Internacionais de Catalogação na Publicaçnao (CIP)
(eDOC BRASIL, Belo Horizonte/MG)

Junqueira, Eduardo.

J95n Na rede / Eduardo Junqueira. – Rio de Janeiro, RJ: Arte Ensaio, 2020.

92. p. : 14,5 x 22 cm

ISBN 978-65-87141-02-2

1. Comunicação de massa – Aspectos sociais – Brasil. 2. Memes – Brasil. 3. Charges. I. Título.

CDD 028.5

Elaborado por Maurício Amormino Júnior – CRB6/2422